自分で考えて動く力がつく

最高の育て方事典

どんな子も
必ず伸びる
56のメソッド

小泉敏男

Toshio Koizumi

東京いずみ幼稚園 園長

kokoro library

講談社

まえがき

「お受験なし」でも平均IQは120

「東京いずみ幼稚園」は東京都足立区《あだちく》にある私立の幼稚園です。設立は1976年、私は当初から運営に関わってきましたが、1995年に園長となりました。2024年現在で11クラス352名の園児が通っており、これまでに5000人以上が巣立っています。

自分で言うのもなんですが、うちはちょっと有名な園です。教育内容がユニークなので、雑誌、新聞、テレビなど国内外のメディアから幾度となく取材を受けました。私たちの理念に賛同してくださる方も多く、わざわざ1時間半もかけて子どもを通わせておられる保護者もいるくらいです。

方針がユニークなだけでなく、きちんと成果も挙げています。

卒園児を対象とする課外教室「才能育《はぐく》み教室」（以下、育み教室）では、**入会する70人ほ**

ど（その年の卒園児の約半数にあたる）を対象にＩＱ（知能指数）を測定していますが、平均１２０を超える結果が毎年出ています。諸説ありますが、ＩＱ１２０超の人は全体の上位１割程度だそうです。

また、ある園児の保護者からは、こんな言葉をいただいたことがあります。

「他のお母さんから、『いずみ幼稚園の子は、ただの鬼ごっこでも自分でルールをアレンジして楽しんでいる』と言われたことがあります。そこから、何でも自分で考えて行動するようになったのかな、と思うことがあります」

単にＩＱの数値がいいだけではなく、将来につながる自立・自活の心がきちんと芽吹いていて、それを周囲の大人が実感しているのです。

教育の「再現性」とは何か

このように書くと、〈優秀な子を試験で選抜して入園させているに違いない。だから結果がいいのだ〉と考える方がいるかもしれませんが、まったくの誤解です。

いずみ幼稚園には、昔から、いわゆる「お受験」はありません。奇妙なことに、ある通販サイトでは東京いずみ幼稚園の「受験合格セット」なるものが販売されていますが、あれは園とはまったく無関係です。

入園は、先着順（入園を申し込んだ順）で行う親子面談をもとに決まります。面談で最も重視しているのは「園の方針に共感していただけているか」で、ひとしきり話したあと、私のほうから、

「入園するかどうか決めてください」

とお伝えして、保護者に決めてもらっています。**どちらかというと、園は「選ばれる立場」にあるという感じです。**毎年ＩＱを測定している「育み教室」も、卒園児であれば誰でも入会できることになっています。

ＩＱはテストの被験者の年齢が同じなら、平均が１００になるよう統計的に調整されています。子どもを選抜しているわけではないのに、そのようなテストで高い成果が出る、それも一度や二度ではなく、長年にわたって出続けているのは、なぜでしょう。

私は、園で行われている教育の質が高く、しかもその教育に「再現性」があるからだと考えています。

再現性とは要するに「同じ方法で取り組めば、どこで誰がやっても同等の成果が出る」と

いうことで、この「教育の再現性」こそ、私たちが最も重視しているものです。

先ほど言及した卒園児のＩＱは、成果を誇るために計測しているわけではありません。教育の再現性が保たれているかどうか検証するために行っています。幼児教育の成果を測れる指標のなかから、最もわかりやすい知能指数を選んで活用しているだけなのです。

また、子どもが疲弊しかねないスパルタ教育を行っていると想像する方がいるかもしれませんが、事実はまったく異なります。

どの園児も目を輝かせて活動に取り組み、自由遊びの時間には園庭で追いかけ合ったり歓声をあげて遊んだりと、子どもらしく元気いっぱいに過ごしています。子どもが喜んで取り組んでくれるからこそ、長年にわたって成果を出し続けられているのです。

園のプログラムはどのようにできたか

いずみ幼稚園ではたらいてきた私たちは、約半世紀にわたって、乳幼児に本当に良い教育を求めて試行錯誤をくり返してきました。

周囲の反対を押し切って先達の教育実践を取り入れたこともあります。自分の家庭でやってみて「これは！」と感じたものを導入したこともありました。逆に、自らの子育てを顧《かえり》みて「あれをやっておけば……」と悔やんだことを園で始めたというケースもあります。闇雲《やみくも》に試すだけでなく、各分野の専門家との懇談や、書物などを通じて脳科学の知見を取り入れ、私たちの方針が理論的に正しいかどうか検証することも怠りませんでした。

本書には、そんな悪戦苦闘の果てに私たちが見つけた教育メソッドや、保護者にお伝えして喜ばれた心得などを余すところなく盛り込んであります。

大事なのは子どもに「体験」させること

この本のなかには、たとえば「カルタ」など、少し懐しいような昔ながらの遊び・活動もありますが、**私たちは昔ながらの教育にこだわっているわけではありません。「実体験」を大切にしているのです。**

幼児期の教育で大切なのは、「本物」を体験させることです。本物とは「実物」という意味であり、「最高に良いもの」という意味でもあります。生まれて数年にしかならない、人生経験に乏しい子どもたちにとって、本物を見て、聴いて、触れて、実感すること以上に良い学びはありません。

パソコン、スマートフォン（スマホ）、タブレットなどのデジタルデバイスは、教育の補助手段としては役に立つし、園でも必要なときには活用しています。しかし、**デバイスで直《じか》に本物を体験することはできません。だからあえて古典的な教育法を採用しているのです。**

この点についても、本文のいろいろなところでくり返し説明したいと思っています。

手間と時間を惜しまず、企業秘密に触れることも厭《いと》わずに書き続けた結果、本書はこのような大著になってしまいましたが、冒頭から読まなくても結構です。どの章のどの節からでもわかる構成にしたので、好きなところ・興味のあるところから拾い読みしてください。そして、ひとつでもいいので実践してみてください。

〈多すぎる！〉そう感じる方もいるでしょうが、多いからいいのです。

これだけ多くの選択肢があるなか親子で何かにチャレンジすれば、ひとつか２つは「好きなこと」「得意なこと」が見つかります。その「好き」「得意」を土台として、子どもたちはいずれ大きく伸びていきます。

いずみ幼稚園には、国立・私立の有名大学に合格し海外留学にも挑戦している子、国内外の著名なピアノコンクールで賞を獲得した子、芸能活動を開始し舞台俳優や声優として活動している子など、際立った活躍をしている卒園児がたくさんいます。

どの子も最初から輝いていたわけではありません。入園式でずっと号泣していた子や、人見知りで在園中はずっと「おとなしい」と言われていた子もいましたが、みんな大きく伸びてくれました。その「あと伸び」の基礎になったのは、私たちが保護者とともに続けた教育だったと確信しています。

私たちの教育のなかには、「いずみ幼稚園でなくてもできること」や「家庭ですぐ始められること」がたくさんあります。どれも間違いなく子どもの糧になるでしょう。実際、園で成果がくり返し「再現」されているのは、すでに述べたとおりです。

大人が根気強く続ければ、必ず応えて大きく成長してくれるのが「子ども」というものです。その日が来ることを信じて、ともに歩みましょう。

◆とくに添え書きなどがない限り、本書の「子ども」は幼稚園や保育園に通う3〜6歳くらいの幼児を指します。
◆育児中の親御さんだけでなく、祖父母や教職員など、幼児教育に関わるすべての人に読んでもらいたいとの願いを込め、適宜「大人」という言葉を使っています。
◆「保護者」とは、東京いずみ幼稚園に子どもを預けてくださっている（いた）親御さんを指します。
◆本文で触れている教育サービスや製品の詳細、入手方法などについては、その箇所に掲載した二次元コードを利用して提供各社に直接お問い合わせください。

もくじ

第3章 「自ら学ぶ子」に育てるには?

——生活のなかで遊び感覚で学ばせよう

第4章 子どもの言葉の力を伸ばすには？
──漢字を取り入れ良質な日本語に親しませよう

第5章 感性の豊かな子に育てるには？

――音楽と絵で自己表現力を磨こう

第6章

算数が好きな子に育てるには？
――数を使う機会をとにかく増やそう

第7章

運動好きな子に育てるには？——スモールステップで進歩を実感させよう

保護者の声

コラム

ブックデザイン――島内泰弘
本文イラスト・漫画――野波ツナ
取材・執筆協力――佐藤美奈子
DTP――株式会社明昌堂
写真――村田克己 ※著者、関係者提供の写真は本文中で個別にクレジットを表示してあります。

第1章

1

子どもを伸ばす
上手な子育てとは?

「声と匂い」が届く距離で楽しむこと

子どもを授かったら誰でも、将来のことを考えていろいろなことを教えよう・与えようとするはずです。それが「親心」というものでしょう。

しかし、子育てに関する情報が世の中にたくさんあふれている時代です。何が正解なのかわからない、そもそも何から始めればいいかわからず困っている、という読者も多いことでしょう。そこでまず第1章では、園で幼児教育を続けるなかから見えてきた「子育ての原則」をご紹介します。

ひと言でいうと、子育てとは「脳育て」です。子どもの脳に合った「良い刺激」を与えてやりさえすればよく、それが教育の基本です。

どういうことか、以下で詳しく説明します。ここだけでも最後まで読んでもらえると嬉《うれ》しいです。

01 子どもにしかない すごい特性 を活かそう

先入観が子どもの成長を妨げる

子どもの成長を妨げるいちばんの要因は何だと思いますか。私は、「これをするのはまだ早い」「子どもには難しすぎる」という大人の先入観だと考えています。

正直に書くと、幼児教育に携わるようになって間もないころは、私も〈子どもというのは未熟で、何もできない存在だ〉と思い込んでいました。

しかし半世紀近く幼児教育の仕事をしてくるなかで、

- **わずか3歳にして見事な集中力で瞑想《めいそう》に取り組む子**
- **漢字かな交じりの絵本をすらすら読んでみせる子**

・小さな手で楽器を操り、見事な演奏を聴かせてくれる子
・自ら「やる！」と志願して、縄跳びを連続で1000回以上跳んだ子

などに出会い、すっかり考えが変わりました。先入観を捨てて大人がきちんと関われば、どんな子も驚くほど成長することがハッキリわかったのです。

では、どうすれば、子どもの力をここまで大きく伸ばしてあげられるのか。その秘訣は「適時教育」にあります。

子どもにしかない「特性」とは

子どもは大人より体が小さく、体力も劣り、知識も経験も乏しい弱い存在ですが、同時に大人にはないさまざまな特性を備えています。その特性を活かすべきときに活かす、それが時宜《じぎ》にかなった適時教育です。

まずは、それら子どもならではの特性のうち、「これだけは知っておいてほしい」というものを選んで次ページにまとめました。

押さえておきたい「子どもの特性」

幼稚園児くらいの年齢だと、「考える脳」の異名をもつ前頭葉はいまだ発達の初期段階にある一方、「感じる脳」と呼ばれる側頭葉や頭頂葉などは活発にはたらくので、感覚刺激には敏感という特性があらわれる

1

子どもにはすべてが「未経験」

子どもにはわずかな人生経験しかありません。まわりにあるものすべてが新鮮に見えるうえ、失敗を経験したことがないので、大人が「難しそう」と尻込みするようなことにも果敢に挑戦できます

2

子どもにとって「学びは遊び、遊びは学び」

人生経験が少ないので、どんな小さなことも子どもの「学び」になります。何が勉強で何が遊びか、区別そのものが子どものなかには存在しないので、興味さえ抱けば、「勉強／遊び」の区別なく、どちらにも楽しく取り組めます

3

子どもは「丸暗記」が得意

専門的には「機械的記銘」といいますが、子どもは大人と異なり、意味の理解を伴わない丸暗記能力に優れています。工事車両や電車の名前をあっという間にたくさん覚えてしまう子がいますが、それは幼児特有の記憶力によるものなのです

4
子どもは「くり返しが大好き」

絵本、お絵描き、童謡など、子どもは好きになったものを何度もくり返し体験するのが好きです。前ページに書いたとおり、丸暗記能力にも優れているので、苦もなく反復し、何事もあっという間に身に付けてしまいます。くり返しが安定感のもとであり「快」だからです

5
子どもは「聴覚優位」

乳幼児期は耳からの刺激に敏感です。母語を獲得する必要があるため、そのような「聴覚優位」の状態にあるのだと考えられます。「耳学問」が得意なのだと言い換えてもいいでしょう

子どもが何か新しいものに出合うと、これらの特性がみるみるうちにはたらき始めます。人生経験に乏しい子どもは、見るもの聞くものすべてが新鮮で面白そうに感じます。面白そうなものには飛びついてみたくなるのが人間というもの。ここで大人なら、過去の経験に照らして〈難しそう〉〈やめとこう〉と控える場合もあるでしょう。

しかし、経験に乏しい子どもは、失敗したり躓《つまず》いたりした経験も乏しいので、挑戦をためらいません（特性1）。

何が「学び」で何が「遊び」かの区別もつかない（知らない）ので、思うがままにチャレンジします（特性2）。

そして少しでも〈楽しい！〉と感じると、〈もう一度やりたい〉〈もっと上手にやりたい〉という欲求が芽生え、情報をどんどん吸収し上達していきます（特性3）。

理解できることが増えたり、大人からほめられたりすると、嬉しくなっていよいよのめり込み、くり返しを通じてどんどん情報を蓄積していきます（特性4）。

そして情報を吸収するときに強みになるのが、5の「聴覚優位」という特性です。これについては、後ほど何度も触れることになるでしょう。

子供の成長プロセス

（著者のイメージ）

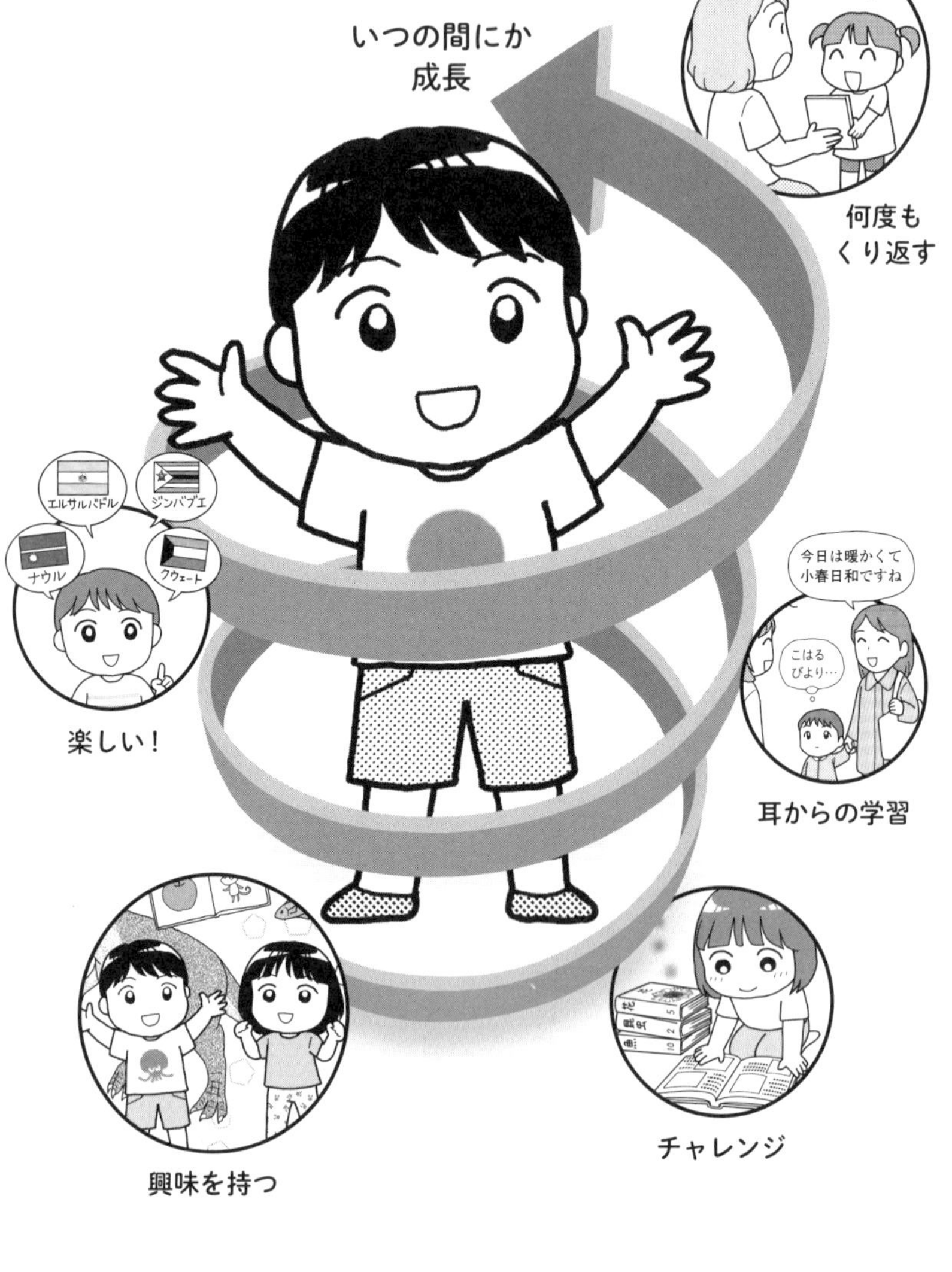

以上のようなプロセスのなかでどんな難しいことでも覚えてしまうという、子どもにしかない力を活《い》かすことこそが子育ての、そして幼児教育のポイントです。

では、強みを活かすために、大人（とくに親）は何をすればいいのでしょうか。実は親がすべきことは、たいへんシンプルです。

「学び方」には旬がある

子どもは「面白そうと思ったら」「楽しいと感じたら」興味を持って取り組みます。

そして子どもは学びと遊びを区別しません。あるのは「興味を持てるか、持てないか」の違いだけ。興味を持てなかったり、途中で「つまらない」「苦痛」と感じたりしたらやめますが、興味を持てれば何にでも挑戦し、「面白い」「楽しい」と思ったら続けるのです。そう考えると、親の務めは明らかでしょう。

何事につけ、子どもが興味・関心を持てるように導いてあげればいいのです。

もう少し具体的に書くと、**子どもが〈面白そう！〉と思えるように自然なかたちでいろいろなことに触れさせてあげて、ときには後押ししてあげるのが、大人の（とくに親の）務め**

ということになります。それだけで、子どもは学びの入り口へと自然に導かれていきます。子どもが何らかの能力や知識を身に付けることを「学び」とするならば、「学び」自体は、いつ始めても遅すぎるということはありません。

しかし、「学び方」には旬があります。子どもにしかない前述の5つの特性を活かせば、この時期だけに許された「誰もが苦労なく吸収できる学び方」ができるのです。これを活かさない手はありません。

学び方の旬を活かした教育こそが、時宜にかなった教育、すなわち「適時教育」であり、この適時教育を行えば、子どもには一生の宝が残ります。

子どもは「感じる」ことで伸びていく

特性5で触れた聴覚について、もう少し補足します。感覚、とくに聴覚へのはたらきかけによって成長していくのは、見逃してはならない子どもの特性です。

たとえば、幼児はなぜ、母語を苦もなく覚えてしまうのでしょうか。聴覚が臨界期（最も敏感で優れた時期）にあるからです。だから親が熱心に語りかけたり、絵本の読み聞かせをしたりすれば、言語能力はみるみる伸びていきます。

母語と同様に音感も、環境を整えて上手に教えれば磨かれていき、絶対音感が身に付きます（だからこそ、いずみ幼稚園では音感教育に力を入れているのですが、この点については第5章に書きます）。

聴覚だけでなくほかの感覚にも同時にはたらきかけることで、大人に言われたことや、周囲からの刺激など、子どもはさまざまな物事を深く吸収します。同時に多くの刺激を受けたことで感覚機能はより鋭敏になり、もっと多くのことに「気づける」ようにもなっていきます。

このような「感覚から刺激を受け、刺激

を受けることでさらに感覚が磨かれる」という好循環のなかで、子どもは成長していきます。

「聞く力」をつけ、聞き分けがよくなり、けじめのある振る舞いができるようになり、幼児とは思えない集中力を発揮するようにさえなります。

さらに、幼児期に吸収したことは、その後の学習の基盤にもなります。脳の「考える力」が伸びてくるのは6歳以降ですが、それ以前にしたいろいろな体験をベースに、子どもはさまざまな知識を蓄積し、より複雑で抽象的な思考を獲得していきます。

だから子どもに対しては、**大人の強制や指図をできるだけ減らし、自分で感じてもらい、気づかせるようにしていくべきなのです。**これこそが、子どもの脳をバランスよく育てるための最重要ポイントです。

幼いころに学んだことは無駄にならない

ある日、園に突然ひとりの青年が訪ねてきました。卒園児で、今年から東京大学に進学したと言います。その青年は、「いずみ幼稚園での経験が、『人生のお守り』になった」と嬉しそうに語ってくれました。

年長から園に転入してきた子だったので、慣れるのに苦労したそうです。ですが、きっと保護者が熱心に励まし、支えたからでしょう、やがて園になじみ、お遊戯会で主役を演じるほどにもなり、立派に巣立っていった子でした。

人生の節目で振り返ってみたとき、園が「自分のルーツ」だと思ったからこそ、わざわざ足を運んでくれたのだと思います。

子どもに親心は理解できないかもしれないし、何を教えても忘れたように見えることがあるかもしれません。しかし、普段は見えなくても、その子のなかには永久に宿るものがきっと残ります。

先ほどの青年が語ったように、**園でのたった1年の経験が「人生のお守り」になるのであれば、ましてや親が熱心に教えたこと、関わったこと、伝えたことは、より深く子どもの心に刻まれ、成長を後押しするでしょう。**そして、いつか大きくなったとき、いかに素晴らしい「ギフト」を与えられたかに、気づくはずです。

子どもの成長の礎《いしずえ》を築けるのは、いましかありません。さあ、さっそく適時教育を始めようではありませんか。

02

成長を後押しするのは親の声と匂い

詩「おかあさんの匂い」からわかること

おかあさんの匂い　サトウハチロー

おかあさんの匂いは　どんな　どんな匂い
朝はかまどの　けむりの匂い
昼はおべんとの　おかずの匂い
晩にはかすかな　おふろの匂い

おかあさんの匂いは　どんな　どんな匂い
春はうれしい　ちょうじの匂い
秋はやさしい　もくせいの匂い
冬はひなたの　ふとんの匂い

おかあさんの匂いは　どんな　どんな匂い
ひざにだかれりゃ　くず湯の匂い
おはなしなされば　おも湯の匂い
うたをうたえば　レモンの匂い

サトウハチロー先生の詩から3連だけ引用しました。

よく味わって読んでみてください。作者が抱く、母への強い思慕が伝わってきませんか。そしてその思慕が、目、耳、鼻など、五感から伝わる快い感覚刺激と分かちがたく結び付いているのがわかるでしょう。

さらに言うと、五感のなかでも詩の主題となっている「匂い」、そして「おはなし」「うた」

などの「声」が作者の心にしっかりと刻み込まれているのも伝わってきます。
実はこの「声」と「匂い」こそ、子育てで、そして幼児教育でも大事なものなのです。

声と匂いは親子の絆をつくり発達を促す

乳児期から幼児期を経て、小学校低学年くらいまでのあいだは、親子の絆を大切に育んでほしい時期です。この時期の関係如何《いかん》で、我が子のその後数十年の人生が決まると言っても過言ではありません。

絆を育むうえで大切にしてほしいのが、詩にちなんで触れた「声と匂い」です。

乳幼児の聴覚・嗅覚は、大人以上に鋭敏です。

まだ目が開いていない新生児でも、親の声や乳の匂いにはすぐ反応します。子どもは耳と鼻をおもな手段として外界からの刺激をキャッチしているのです。

そんな子どもにとって、最も安心できる快《こころよ》い刺激は、親の声と匂いにほかなりません。

生まれた子には、しっかり抱きしめる、話しかける、子守歌を歌ってあげる……などといった**「ゼロ距離のコミュニケーション」**で、**いい刺激をたっぷり与えてあげましょう。**

ゼロ距離のコミュニケーションとは、お互いの距離がゼロになるくらいまで近づいて行われる、具体的な「やり取り」のことです。

日々のやり取りの積み重ねのなかで築かれていくのが親子の絆であり「愛着」で、この絆＝愛着こそが、子どもの成長を強力に後押ししてくれるのです。

「自己肯定感」「他者への信頼感」も生まれる

子どもが歩けるようになり、できることが増え、幼稚園に入ってからも「声と匂い」は意識するようにしてください。

もちろん、幼稚園児を赤ん坊扱いして、絶えずゼロ距離で触れる必要はありません。絵本を読み聞かせる、散歩する、食卓を囲む……などといったかたちで、ごく当たり前の日常を

「一緒に」過ごすよう心がけましょう。

言い換えると、**「匂い」の届く距離で「声」をたくさん聞かせてあげてほしいのです。そして、子どもの声もいっぱい聞いてあげてください。**

前節でも触れましたが、子どもは聴覚優位で〝耳学問〟に長《た》けています。「子どもが親の口癖を覚えて真似《まね》するので手を焼いている」なんて経験をした読者がいるかもしれませんが、子どもは音声を通じていろいろなことを学びます。

子どもが耳学問で学びとるものの代表格が母語（私たちにとっては日本語）でしょう。聴覚優位という特性は、知育教育に大いに活かせる強みです。

文字が読めなくても、耳から同じ情報を入れてあげれば、子どもは覚えることができます。あとの各章で詳しく説明しますが、**まず「触れて」「覚える」こと、それが幼児教育では大事なのです。**

親の声は単なる情報以上のものを子どもに伝える

最後に付言しておくと、声と匂いを活かした教育によって、子どもは付随するいろいろなことも記憶していきます。これも乳幼児の発達にはプラスにはたらきます。

「おかあさんの匂い」を読み返してみてください。

台所の風景、家族の印象、チョウジ、モクセイといった植物など、作者はさまざまなことを「声」「匂い」と一緒に想起しているのがわかるでしょう。**親の声は（そして匂いも）、単なる情報を超えて、知識、情緒、思い出など多くのものを子どもの心に残すのです。**

そうやって心に残ったものは、やがて「自己肯定感」や「他者への基本的な信頼感」の土台となり、生涯にわたって子どもを支え続けるでしょう。

以上のような理由から、私は「声と匂い」が大切だと園で保護者にも申し上げているのですが、しかし、この2つを存分に活かした教育は、いくつかの原則を押さえたうえでなければできません。その原則を、次節でご説明しましょう。

03

上手な子育て 4つの原則

親は子どもに何をすべきでしょうか。

絵本の読み聞かせ、きちんと食事を与えること、言葉の教育、音楽、運動、躾《しつけ》……人によりいろいろな意見があるでしょうが、私に言わせると最も大事なのは、

10歳までは見栄《みえ》を張って「いい親」を演じること

これに尽きます。

子どもはいつも親を見て、真似しようとしています。親の行動は子どもに影響し、成長を後押しすることもあれば、頭打ちにすることもあります。

だから親は、子どもの前で「ありのまま」でいてはいけません。私自身もそうですが、ありのままの自分だけで子どもに立派な姿を見せられる大人は少ないでしょう。

少し無理してでも「いい親」を演じてみてください。ちょっと背伸びして頑張っているうちに、どんな人も「本当にいい親」になっていきます。

たとえしんどくても、次のような4つの心がけを持って子どもに接してあげましょう。

①親が子どもと一緒に楽しむ

こと幼児教育においては、何事も子どもと「一緒に」取り組みましょう。それも、ただ取り組むのではなく、**親が率先して「楽しそうに」やって見せることが大事で、子どもにだけやらせるのはＮＧです。**

親がやることには何にでも興味を持ち、自らチャレンジするのが子どもというものです。

私は園の保護者に、よく「子どもが興味を持てるよう導きましょう。そこから子どもの学びが始まります」とお伝えしていますが、そんなふうに持っていくコツは実に単純。ここに書いたとおり、親が子どもと一緒になって楽しそうにやって見せるだけでいいのです。

絵本を読む、料理をする、お出かけなど、声と匂いが届くところに親がいて、一緒に楽しみましょう。前の節でも書きましたが、それがいちばん大事です。

（ちなみに、本書では第2章以降で具体的なメソッドを紹介しますが、いずれも子どもに「やらせる」のではなく、「親子でやる」のが前提だとご理解ください）

なお、子どもに無理強いすることだけは絶対にやめましょう。いったん子どもが始めたことに口出しするのも無用です。

強制や介入は興味を減じるだけで意味がなく、自主性も育ちません。悪くすると子どもが二度とやらない、といったかたちで裏目に出てしまうこともあります。

むしろ親が楽しそうにやっているところを見せて良いお手本になるほうが、逡巡《しゅんじゅん》している子も〈やってみようかな……〉と心が動くものなのです。

②親が笑顔で子どもをほめる

親が自分に注目していて、しかも喜んでいるとき、子どもは最高に幸せです。

これは何も知育に限った話ではなく、挨拶《あいさつ》、食事、散歩……など、生活のあらゆる場面で子どもはそう感じています。

お絵描き、縄跳び、鉄棒など何でも構いませんが、何かを頑張っているとき、「子どもはいつも以上に親からの反応を欲しています。

よりによってそんなときに、親が難しい顔やしかめ面をしたり、生真面目《きまじめ》に教え導こうとしてはいけません。正しいか間違ったか、上手《うま》くできたか否か、などの結果は脇に置いて、

「よく頑張ってるね!」

「すごいな!」

と、**笑顔を向けて、ちょっと大げさなくらいほめてあげましょう。**

どんなことであれ、親子で楽しみ、親が喜んであげて、それを毎日くり返すのが大事なのです。

③親が子どもの手本になる

「一家は習慣の学校なり、父母は習慣の教師なり」と説いたのは、慶應義塾《けいおうぎじゅく》を開いた福澤諭吉でした。

まさにそのとおりで、家庭が果たす教育的機能は、知育に限らず生活全般から、はては人としての「生きる姿勢」といった、深いところにまで及びます。

取り繕《つくろ》ってでも「正しい姿」を見せてあげてください。親が手本になること、それが躾の基本です。

挨拶を欠かさない、しっかり「はい」と返事をする、履物《はきもの》を脱いだらそろえる、「ありがとう」とお礼を言う、静粛を求められ

いつも
ありがとう
ございます
ありがとう
ございます

る場所では静かにする……など、世の中には守って当然のルールがあります。

まず大人が率先して守り、模範を示しましょう。正しく振る舞う親の姿を見て、子どもは良き習慣を身に付けていきます。そして子どもが守ることができたなら、しっかりほめてあげましょう。ルールから逸脱するようなら、止めたり叱ったりしてあげてください。

ルールを守ると親が喜んでくれる、ほめてくれるという「快」の体験を経た子どもは、次回も、そしてその次も、さらにその後も自らルールを守ろうとするはずです。

このように、理屈で教え込むのではなく、親が手本を示し子どもにパターンとして浸透させることで**「ルール感覚」**が形成されます。

「ルール感覚」とは、無意識にモラルに沿って動こうとする癖みたいなもの、と言えるかもしれませんが、その感覚が、のちに気持ちを切り替える力（スイッチング）や、必要なときに自己を抑える自制心の基礎になるのです。

④良いことは続け、悪い刺激は避ける

「良いこと」とは、子どもの成長につながることです。

親の声と匂いを伝えることであり、親が子どもと一緒に学ぶことであり、要するにここまで書いてきた原則のすべてを指しています。

さらに具体的には、第2章以降で紹介していくメソッドのひとつひとつをも指していますﾞ（それらのメソッドについては、「まえがき」でも書いたとおり、できるところから取り組んでいただければ十分です）。

とはいえ、三日坊主に終わってしまっては何にもなりません。**欲を言えば毎日、長く続けるようにしてください。できれば10歳まで続けてもらいたいと思います。**

幼児は親に構ってもらうのが好きですが、10歳を過ぎ、思春期にさしかかった子は親との違いを意識しはじめ、我が道を模索し、親に逆らってでもそちらへ行こうとします。

さらに成長すると、次ページ左のイラストのように親から離れて「別の世界」を持つようになります。いわゆる反抗期に入るわけですが、そこまで大きくなれば、もう親が気を回してあれこれ与える必要はありません。そうなるまでの辛抱です。

10年と言われれば長いようですが、過ぎてしまえば「あっという間」。これは私の実感ですが、中学生以上の子を持つ親なら誰もが同じように感じていることでしょう。

子どもが子どもでいる時間は短いのです。後々〈あれをやっておけばよかった……〉と後

悔しないよう、子どもが子どもでいるあいだに精一杯「良いもの」を与えましょう。

　そして同時に「悪い刺激」を避けるように心がけてください。子育てでは「してはいけないこと」もあり、そこから子どもに伝わるのが悪い刺激です。

　では、子育てで「してはいけないこと」とは何でしょうか。次節ではそれを説明しましょう。

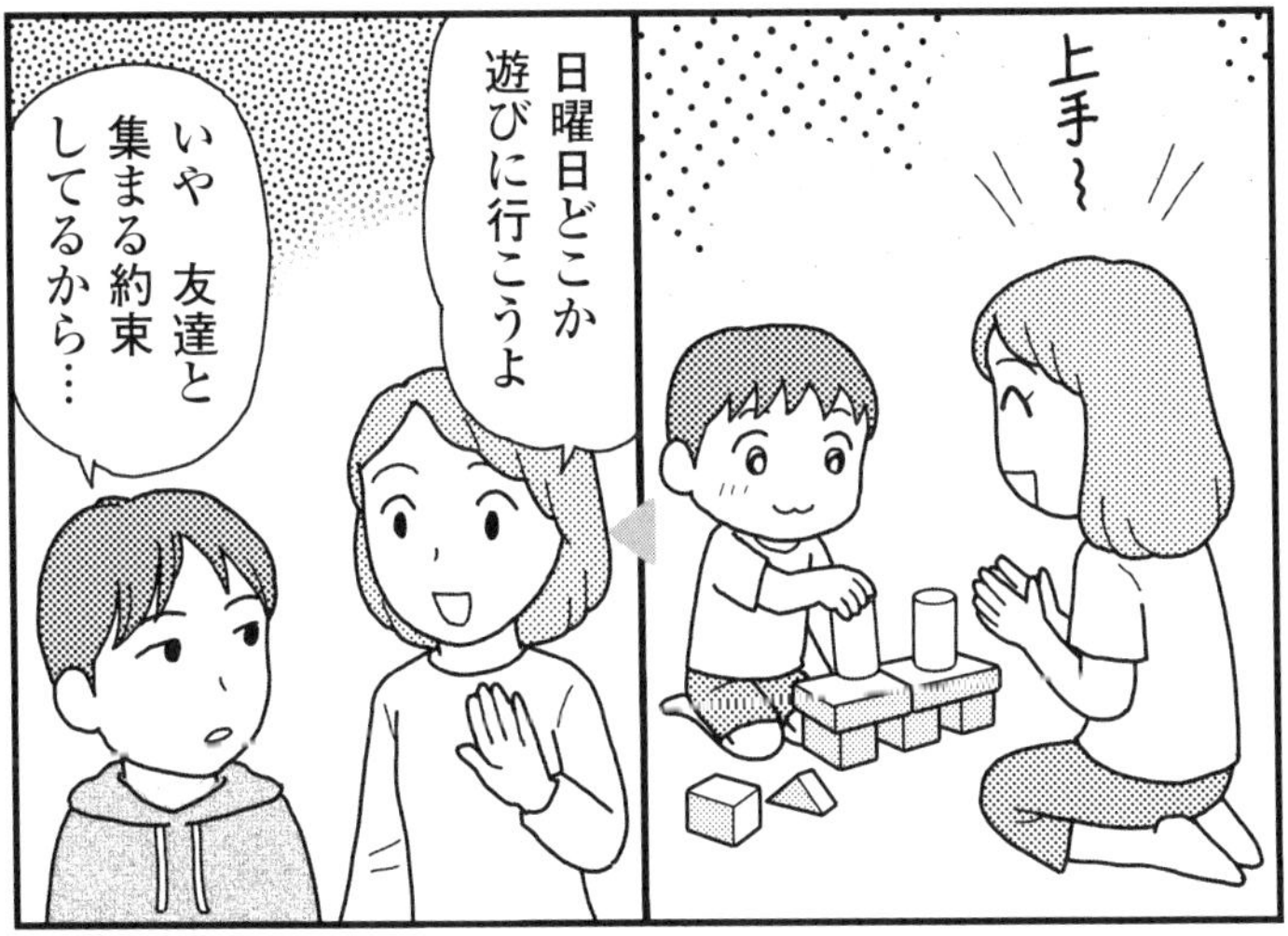

04

これだけはダメ！ 子育て 3つのタブー

子どもに余計な「口出し、強制」をしてはいけない

子育てで「してはいけないこと」はいろいろありますが、本書では、これだけは絶対にやめてほしい3つを紹介しておきます。

やってはいけないことのひとつ目は、「余計な口出し」です。

子どもがやろうとしていること、あるいはまさにいま、熱心に取り組んでいることに対して、「ああしなさい」「こうしなさい」と親が口を挟むのは控えましょう。

無理強いしたり、怒って強制したりするのは、輪をかけてよくありません。口出しも強制も、子どもの興味を挫《くじ》き、やる気をなくさせるだけで、いいことは何もないからです。過保

護・過干渉は、子どもの成長には明らかにマイナスです。

もちろん、ルールを守れない、挨拶ができないといった「躾《しつけ》」に関することであれば、ときには叱り、ときには制止して教えねばならない場合もあるでしょう。

しかし、たとえばお絵描き、文字の練習、音楽、運動といった知育・体育については、口出しは無用と心得てください。

子どもが求めてきたとき、あるいはすっかり行き詰まっているときにだけ、大人が激励や助言をすれば十分です。

躾も知育・体育も、「子どもが自ら気づいてできる」のが理想です。大人を手本として気づいてもいいし、自ら気づくのでも

構いませんが、子どもが主体的にやらなければ、何事も意義は薄いのです。

「任せきり」では育児とはいえない

「やってはいけないこと」その2として挙げられるのは、任せきりの育児です。子どもの教育を保育園や幼稚園任せにして、あとは知らんぷり……ではいけません。

たとえば保育士は、教育原理、社会福祉、発達心理などを学び、所定の試験をクリアしたうえで仕事に臨んでいます。その意味で彼女ら・彼らは、「子ども」の専門家だとはいえるでしょう。

しかし、目の前の「我が子」の専門家になれるのは親だけです。生まれた子どもと苦楽をともにし、いろいろな面を見てきた親だけが、我が子に最も適した「良いもの」を選び、与えてあげられます。

保育士に限らず、世の中には「専門家」が数多《あまた》いて、科学的に正しいとされるいろいろな見解を述べています。それらスペシャリストの支援や知見は大いに活用すべきですが、振り回されたり、あるいは任せきりにしてしまってはいけません。

親にしかできないことがたくさんあります。「我が子は自分が育てる」という自覚を失わないようにしてください。

付言しておくと、私は子どもの好きに任せるだけの育児もよくないと思っています。

子どもは知識や経験に乏しく、良いもの・悪いものの区別もつきません。そんな状態で好きなように活動させても、子どもが得られるものなどたかが知れています。

悪くすると、どんな場でも勝手気ままに振る舞う悪い癖を身に付けてしまうかもしれません。放任ですべてうまくいくほど子育ては甘いものではないのです。

「良いもの・悪いもの」を親が見極め、生活のなかで自然に興味を持たせる。そして、

ともに「良いもの」のほうへ歩む――そんな子育てをしたほうが愛着形成も進み、何事も吸収が早くなるのです

子どもにデジタルデバイスを安易に与えてはいけない

子育てでやってはいけないこと、最後の3つ目は「メディア漬け・デバイス漬けの育児」です。とくに、パソコンやスマートフォン（スマホ）などのデジタルデバイスには注意しましょう。**誰もが一台はスマホ、タブレット、パソコンなどを持つ時代になりましたが、小学校に上がる前（6歳）に安易に与えてはいけません。また、デバイスやテレビを子守代わりに使うのも控えるべきです。**

テレビを見ているあいだ、あるいはデバイスの画面で動画を視聴しているあいだ、子どもは確かに静かになりますし、集中しているようにも見えるでしょう。しかし実際は集中などしておらず、動くものを機械的に追視しているだけにすぎません。

スマホに依存性があり、使い過ぎが「うつ病」など精神疾患の原因となることは、ベストセラー『スマホ脳』（日本語版は2020年に刊行）でも指摘されていました。

スマホを与えられた子どもが依存状態となり、それを親が「いい子にしている」と誤解して放置する――そんな環境で、良い親子関係などできるでしょうか。

振り返ってみれば、メディアやデジタルデバイスの問題性は、20年も前から多くの専門家によって指摘されてきたことです。公益社団法人・日本小児科医会が2004年に公表した提言「見直しましょう　メディア漬けの子育て」や、『スマホ依存が脳を傷つける』などの著作における川島隆太先生（東北大学教授）の発言がいい例ですが、それらをふまえつつ、現段階で私は、メディアやデバイスとは次のように付き合うべきだと考えています。

①テレビ、タブレットなどを見るスクリーンタイムは内容を選んで一日1時間以内に
②子どもだけで見せっぱなしにしない。見るときは親と一緒に会話しながらにする
③子どもにデジタルデバイスを渡すのは、どんなに早くても小学生になってから
④デジタルデバイスは親の管理のもと使わせる。子どもの自室には持ち込ませない

もちろん、テレビ、スマホ、タブレットなどにも、「使うべきとき」や「使わざるを得ないとき」があります。言葉では伝えきれないことを、動画ならすんなり伝えられる場合があるのは事実で、必要最低限の利用まで止めようとは思いません。

しかし、長時間デバイスを使わせたり、ましてや幼児に個人用として買い与えたりするのは、子どもの脳を破壊するも同然の行為です。

フランスの思想家ジャン＝ジャック・ルソーは、子どもを不幸にするいちばん確実な方法は「いつでもなんでも手に入れられるようにしてやることだ」と書いています。昨今は自らデバイスを欲しがり、親が渡さないと泣き喚《わめ》く幼児もいると聞きますが、子どもの欲求に負けて与える前に、私たちはルソーの警句を思い出すべきでしょう。

「困った子」のレッテルをはる前に

私は、毎年170組ほどの親子と面談していますが、ここのところ次のような特徴を示す子と出会うことが増えた気がしています。その特徴とは、

- **発語が遅く、話せても発音・発声が不明瞭**
- **人の目を見て話すことができず、こちらが視線を向けるとなんとなく目を逸《そ》らす**
- **落ち着きがなく、姿勢や態度がふらふらとする**

● 駄々をこねたり、癇癪《かんしゃく》を起こしたりしやすい

などですが、試しに私が「子どもが騒いだときにどうしていますか。スマホを渡したりしていませんか」と尋ねると、親はしばしば青い顔でうなずきます。

高速道路を運転中、とあるサービスエリアに寄ったところ、フードコートで家族連れが食事をしているのを見かけたことがあります。子どもが2人、ひとり一台タブレットを持ち、動画にでも夢中になっているのか、画面から片時も目を離さず、親が与える食べ物を無言で口に運んでいました。

面談で園を訪れたあの親も、そんなことをしていたのでしょうか。だから顔色を変えたのでしょうか。

もちろん、先ほど挙げた4つの特徴が、本当にデジタルデバイスの利用に起因するものかどうか、科学的な証明はありません。緊張した子どもがいつもと違う言動を見せただけ、ということもあり得るでしょう。

しかし、これだけ多くの人が警鐘を鳴らしているわけです。「困った子」のレッテルをはる前に、大人としてできることはないか考えてみるべきではないでしょうか。我が子をテレビ、スマホ、タブレットから引き離すくらいは、いますぐ試してもいいと思うのですが。

05 子どもの自立は トイレトレーニング から始める

1歳6カ月ごろから始めよう

あくまでも私の印象ですが、紙オムツが普及して赤ん坊の排泄《はいせつ》の世話が容易になってからというもの、「身辺の自立」を後回しにして「知育」「発達」ばかりを気にする親が増えたように思います。

身辺の自立とはすなわち、「自分のことは自分でできる」ということですが、その第一歩は排泄の自立です。自立できなければ、子どもの発達も知育も、思うようには進みません。

そこで第1章の最後に、どの親子も必ず通らなければならない「自立の第一歩」として、トイレトレーニングについて記すことにしました。

試しにインターネットで調べると、オムツ外しの目安は「早くて3歳、ゆっくりで6歳」などと出てきますが、私はもっと早くてもいいと思っています。

子どもはだいたい、1歳6ヵ月くらいから尿意・便意を伝えられるようになります。言葉では伝えられなくとも、「もじもじする」「表情が硬くなる」「足踏みをする」「股のあたりを触る」などのサインで、排泄欲求や、あるいは排泄してしまったことを示しますが、実はその時期こそ、トイレトレーニングを始める好機なのです。

トイレトレーニングの用意をする

トイレトレーニングは、以下に記す要領で行うのがおすすめです。まずは次のものを準備しましょう。

●普通のパンツ……10枚ほど

汚したときのことを考えて、予備として多めに準備します。なお、トレーニングパンツでは子どもが「出た」ということに気づけないので、やめておきましょう。

●雑巾《ぞうきん》……10枚以上

トイレの床が汚れてしまったときの掃除用です。あわせて、トイレ内の環境を掃除がしやすいように整えておくといいと思います。たとえば吸水する敷物《しきもの》は床から取り除いておき、汚れてもすぐ拭き掃除ができるようにしておくことをおすすめします。

●トイレチェック表

横に日付、縦に時刻を記した表を用意します。ここにトイレに行った結果や、子どもが摂取した水分量をメモします。一例を次ページに紹介しますが、自分で使いやすいものを作成してもいいし、もし市販のものがあれば、そちらを利用してもらっても構いません。

以上の用意とともに大事なのが、子どもの興味をトイレへと向けさせる「関わり」や「演出」です。

トイレの壁に、折り紙でつくった壁飾りや、子どもが好きなキャラクターのポスターを貼るなどして、子どもが〈行きたい〉と思うような空間をつくりましょう。

トイレチェック表の例

トイレチェック表

	／	／	／	／	／	／	／	／	
6:00									
7:00									
8:00									
9:00									
10:00									
11:00									
12:00									
13:00									
14:00									
15:00									
16:00									
17:00									
18:00									
19:00									
20:00									
21:00									

トイレチェックを行った結果を下記の記号で記入しましょう!!

×	失敗した
△	トイレに座ったが出なかった
○	トイレで排泄できた

この用紙の場合はいちばん上に日付を記入し、排泄を試した結果を×△○の3つの記号で記録する体裁になっている

●人形やぬいぐるみをトイレに行かせる「ごっこ遊び」をする

●トイレトレーニングをテーマにした絵本を読み聞かせる

といった関わりで、子どもにトイレというものに気づいてもらい、興味を膨らませることも大事です。絵本について付言すると、『みんなうんち』(五味太郎・著、福音館書店、1981年)『ノンタン　おしっこしーしー』(キヨノサチコ・著、偕成社、1987年)『ひとりでうんちできるかな』(きむらゆういち・著、偕成社、1989年)『といれ』(新井洋行・著、偕成社、2010年)

など、うってつけの作品がたくさんあるので、ぜひ読み聞かせてあげてください。

子どもは親を模倣したがるものです。親がトイレを使う真似をして見せたり、子どもをトイレに連れて行ったりして補助便座に座らせるのも、いい〝シミュレーション〟になるに違いありません。

トレーニングは記録を取るところまで

準備ができたら、さっそくトレーニング開始です。オムツを外し、子どもにパンツを穿《は》いてもらったら、次のようなことを毎日くり返すようにします。

❶トイレに行く習慣をつくる

親のほうから「トイレに行こう」と声をかけて、子どもにトイレに座ってもらいましょう。誘うタイミングは「起床時」「食事の前後」「お昼寝の前後」「おやつの前後」「外出の前後」などです。時間でいうと、だいたい1～2時間ごとに声をかけるイメージですが、そうやって「トイレに行くこと」を習慣づけます。

❷子ども自身にトイレを使ってもらう

誰もがトイレでする、「ズボン・パンツを脱ぐ↓用を足す↓拭く↓パンツやズボンを穿《は》く↓流す↓手を洗う」という一連の行動を、最初は大人が手伝ってあげて、だんだん子どもが自分でできるように、教えて挑戦させます。

トレーニングなので排泄はあってもなくても構いませんが、上手に排泄できたら必ず子どもをほめてください。抱きしめて「できたね」「気持ちいいね」「偉いね」と声をかけて成功体験を印象づけ、モチベーションを高めます。

❸トイレチェック表に記録する

トイレから出たら、その結果は都度、チェック表に記入しておきます。たとえば、「×（失敗した）」「△（トイレに座ったが出なかった）」「○（トイレで排泄できた）」など、記号を決めておけば簡単に書けます。

水分摂取の量と時間を記録しておけば、子どもの排泄パターンもつかみやすくなるでしょう。失敗する確率を減らしつつ、効率よくトレーニングを進められます。

トイレトレーニングで大切なのは、失敗したときの親の接し方です。うっかりトイレ以外でしてしまっても、親は怒らないようにしてください。

「気持ち悪いよね。次は教えてね」

と穏やかに声をかけ、掃除をして、次回からはもう少し短い間隔でトイレに連れて行くようにします。**トレーニングで敗すると、子どもは、「トイレに行かないと不快な思いをする」と実感しますが、それは排泄の自立を後押しするいい経験として作用するはずです。**

ときに失敗しながらトレーニングを続けることで親子間のコミュニケーションも深まっていくので、ぜひチャレンジしてみてください。

第2章

2

「自らできる子」に育てるには？

「やらせて・ほめる」機会をたくさんつくろう

子どもが社会で生活していくうえで困らない習慣を身に付けてもらうのが躾《しつけ》の目的です。園では身辺自立と呼んでいますが、まず「子どもが身のまわりのことを自分でできる」ように導く、すなわち自立の手助けをすることが躾なのです。

余計な先入観がほとんどない「まっさらな」状態の子どもは、規範にすら興味を示し、教えられれば進んで実行しようとします。すなわち親が上手に教えれば、自然に品行方正な態度・振る舞いができる素地があるのです。

躾の基本は家庭での過ごし方です。大切なのは、子どもに実際にやらせて、ほめる機会をたくさんつくること。どれもちょっとしたことの積み重ねで、大きな効果が期待できます。

06

おへんじで自律・自発の芽を育てる

「自由放任」では育たないものがある

乳幼児期の子育ては自由放任でいい、という考え方の人もいますが、私は、子どもが1歳くらいのごく小さいうちから規範意識を育てるべきだと思っています。

1～3歳までの子は素直で好奇心旺盛で、大人、とくに親が「やろう」と言ったことには何にでも興味を持ち、喜んで取り組みます。**ルールすら面白がって覚えてしまうそんな時期に規範意識を育てるのは、まさに時宜にかなった教育（適時教育）です。**

成長するにつれ、子どもの世界にもルールは増えていきます。遊びがいい例で、「鬼ごっこ」ひとつとってみても、ルールが理解でき、たとえ鬼がイヤでも堪《こら》えてルールを守れなければ、遊ぶことなどできません。就学し、さらに成長して社会に出れば、もっと多くのルールを守らなければならなくなります。

まったくの自由放任では、子どもに規範意識を身に付けさせることはできません。子どもの「できる」を増やすため、そして将来のためにも、振る舞い方の教育を始めましょう。その第一歩は「おへんじ」です。

遊びで「おへんじ」を身に付ける

子どもに「おへんじ」——名前を呼ばれたら「はい」と返事をできる心がけ——を身に付けてもらうとき最も大事なのは、「親がちゃんと返事をする姿を見せること」です。

小さな子は、そもそも「呼ばれたら返事をする」ということ自体がわかっていません。

たとえば面談などのため親子で幼稚園を訪れたとき、銀行、役所、病院などの待合で名前を呼ばれたとき、親が「はい」と答える姿を見せ続けることで、子どもは、〈名前を呼ばれたらあんなふうに答えるんだな〉とわかるようになっていきます。

家庭で返事を「遊び」にして、子どもの学びを後押しすることもできます。手順は次ページでイラストを使って示しましたが、もう少し詳しく説明します。

たとえば、まず母親が父親に「田中たかしさん」と名前で呼びかけます。

呼ばれた父親は「はい」と、ピシッと手を挙げて答えてお手本を見せます。

ここまでやっておいてから、子どもの名前を呼んで、親の真似《まね》をして答えてもらいます。

ときには母親が、わざと「吉田太郎さん」などとそこにいない人の名を呼び、それに対して父親が答えない、という場面を交えましょう。

すると、「自分の名前が呼ばれたときだけ返事をする」という、その場の暗黙のルールが子どもにもわかるようになっていきます。

簡単な遊びですが、自分が呼ばれるまで待つ（自制）、呼ばれたら自ら返事をする（自律・自発）心がけが育ってきます。これらは後の生活でも学びのなかでも大切なものです。

さらに大人が「元気にお返事できてすごい！」「指先までピシッと手が挙がってるね」と具体的にほめれば、子どもが〈いまやったことが良いことなんだ〉と理解して、次からも、あるいは実際の生活場面でもやるようになります。

このように、子どもにやらせて・大人がほめるのがポイントです。

「おへんじごっこ」のやり方

❶

親が本当の名前で
呼びかけて
お手本を見せる

❷

子どもの名前を
呼んで
返事をしてもらう

❸

ときどき違う名前で
呼びかける
(呼びかけられた
ほうは答えない)

「挨拶」で自発性・社会性が伸びる

返事のほかに早い時期から始めたいのが、「挨拶《あいさつ》」です。最も簡単な「おはようございます」から始めるといいでしょう。

まずは子どもに「朝起きたら、『おはようございます』と言おうね」と教えるところから始めますが、挨拶に関しても、大人が率先してお手本を示してください。親が先に、

「おはようございます」

と子どもに言い、それに応えて子どもが、

「おはようございます」

と返せたら、しっかりほめます。ここでもポイントは「やらせて・ほめる」。くり返して習慣化し、子どもが自ら挨拶するよう導いていくこと、それが自発性や社会性を育てる第一歩となります。挨拶は、「いま」だけでなく、就学後も社会に出てからも、子どもに一生し続けてほしいことです。たまにやるのではなく、毎日毎日くり返しましょう。また、折を見て「こんにちは」「ありがとう」「さようなら」なども取り入れてください。

先ほどの「おへんじ」もそうですが、子どもができるようになったら、ぜひ次のように発

展させていくといいと思います。

● きょうだい児を巻き込んで、「どっちが元気よく『おへんじ』できるかな？」と子どもの競争心をくすぐってみる

● 祖父母や親戚など、親以外の大人がいる場で挨拶してもらうなど周囲を巻き込み、大人全員で大げさにほめる

子どもの笑顔が増え、さらなる成長につながること請け合いです。

「できること」も増える

必要なときに「自制」あるいは「自ら行動する」心がけを身に付けると、人の話に耳を傾けられるようになるので、子どもの

「できること」は大きく広がります。

たとえば、ここに折り紙があるとします。折り紙を目にした子どもの心のなかには、〈遊びたい！〉〈早く折りたい！〉という欲求がわきあがるかもしれません。

ですが、そこで自分の感情や気持ちと折り合いをつけて、

●まず大人が説明する「折り方」を聞く

●説明のあとで自分が折る、という決まりどおり行動する

ということができれば、子どもは「正しい折り方」を学び、より整った作品がつくれるはずです。少し自制できるだけで、このように「学び」が進むのです。

必要なときに自制する心の強さは、一朝一夕で養えるものではありません。本節の最初のほうでふれた「おへんじ」のような小さなところから始めて、次第に、

●食卓に全員そろってから食べはじめる

●人が話し終わるまで待っている

●年下の子におもちゃをゆずってあげられる

など、日常のさまざまな場面へ広げていけるよう、大人が導いてあげてください。

ちゃんと待っててお利口ね
……
アー！
これほしいの？
いいよ貸してあげる

07

マナーや礼儀は掲示&音読で刷り込む

なぜ貼りだして読み上げるのか

世の中にはマナー、礼儀、常識など、誰もができるだけ早く身に付けておくべきものがあります。この節ではそれらを「徳目」と呼ぶことにしますが、みなさんはさまざまな徳目をどのように子どもに教えているでしょうか。

大人が率先してマナーを守ってみせ、子どもにも守るよう促すのは大切なことですが、そのほかに私は、徳目を紙に書いて貼り、親子で一緒に声に出して読み上げることをおすすめしています。

この方法をおすすめするのは、子どもの自発性を促すのに効果的だからです。

園では朝礼後、先生と園児が一緒に大きな声で徳目を読み上げる（写真：園提供）

子どもにとって、礼儀やマナーは大人から「教えられる」ものなので、言われてようやく実行する受け身の状態になりがちです。大人がうっかり見過ごしてしまったら、やらないままになるかもしれません。

しかし、普段から親子で読み合わせておけば、子どもは徳目を実行すべきときに気づけます。

そして親にとっては、子どもをほめるチャンスが増えることになります。「やらせて・ほめる」を実行しやすくなるのです。

何を掲げるかは人それぞれでいいと思いますが、ここで参考までに園での取り組みを紹介すると、次のような徳目を掲示して毎日園児に唱和してもらっています。

腰骨を立てます

下腹に力を入れて
腰骨をシャンと立ててごらん
肩や胸に力を入れないで
顎《あご》を引きましょう
素晴らしい姿勢です
元気な体の基です
頭が澄んできます
あなたの我《わ》が儘《まま》に
勝てる姿勢です

「腰骨を立てる」
菱木秀雄——

養護学校の校長だった菱木《ひしき》秀雄《ひでお》先生の「腰骨を立てる」という詩は有名です。園ではタイトルを親しみやすいものに変え、上の囲みの文を園児に唱和してもらってから瞑想《めいそう》（次節参照）に入っています。

もちろん、これを唱えたからといって、すぐ子どもたちの腰骨が立つわけではありません。

年少クラスでは先生のマメなサポートが必要ですが、それでも年長になると多くの子の腰がシャンと立ち始めるのは、この詩の効果だと思います。

履物を揃える

履物を揃えると、心も揃う。
心が揃うと、履物も揃う。
脱ぐときに揃えておくと、
履くときに心が乱れない。
誰かが乱しておいたら、
黙って揃えておいてあげよう。
そうすればきっと、
世界中の人の心も揃うでしょう。

藤本幸邦――「履物を揃える」

長野県にある円福寺の和尚、藤本幸邦《ふじもとこうほう》老師は曹洞宗《そうとうしゅう》の僧で、同時に国内外で養護施設や学校建設などに尽力した福祉事業家でもあります。その老師が書いたのが、このページ上の「履物を揃える」です。

子どもの作法

一、お話を聞く時は「相手の眼を見てしっかり聞きます」
一、返事・挨拶は「大きな声ではっきり言います」
一、お世話になった時は「ありがとうございました」
一、姿勢は「胸を張り背筋を伸ばし腰骨を立てます」
一、歩くときは「胸をはりさっさと歩きます」
一、家へ上がるときは「履物を揃えます」
一、お辞儀は「丁寧に行います」
一、言葉は「悪い言葉は使いません」

髙橋系吾――「子どもの作法」

道灌山《どうかんやま》幼稚園の創設者で優れた幼児教育家でもあった髙橋系吾《けいご》先生は、数々の名言を残されました。そのひとつが「小さな作法（幼児から大人まで）」で、園では一部を抜粋し表記などにアレンジを加えたうえで、右ページのように「子どもの作法」と題して掲示しています。

叱ってもマナーや礼儀は身に付かない

以上、3つ紹介しましたが、それぞれに含まれているのは、「話を聞く態度」「お礼の大切さ」「正しい姿勢」「靴を揃えること」など、常識的なマナーだけであることがおわかりいただけたでしょう。

厳しく叱っただけでは「叱られた恐ろしさ」しか印象に残らず、躾にはつながりません。声に出し、実行して、多くの感覚から子どもに伝えるのがポイントです。ここで紹介した3つの文章はインターネット上でも見つかるので、印刷して掲示すれば今日からでも徳目の音読は始められます。ぜひ試してみてください。

08 瞑想で自制心と集中力を伸ばす

最初は短時間からでいい

親子で取り組む毎日の習慣として強くおすすめしたいのが「瞑想《めいそう》」です。〈幼稚園児に瞑想なんてできるのか？〉と思った読者がいるかもしれませんが、いずみ幼稚園ではおよそ30年前から毎日の日課として取り入れています。

登園したらしばらく園庭で遊び、10時に朝礼を始めるのが園のルーティンです。朝礼後は教室に入りますが、さまざまな活動に入る前にまず行うのが、実は瞑想なのです。

瞑想の時間、子どもたちには床に正座してもらい、目を閉じて、音楽を聴きながら黙って3分じっとしていてもらいます。

続ければ年少の子でもじっと瞑想できるようになる。ただ、姿勢は崩れやすいので大人が見てあげねばならない

たったこれだけですから、瞑想は家庭でも簡単に始められます。和室で正座してやってもいいし、自宅に洋間しかないのであれば、椅子に座って目を閉じてもいいでしょう。

時間は3分でなくても構いません。とはいえ、**短すぎると意味がないので、まずは1分間など短めの時間から始めて、徐々に2分、3分と継続時間を延ばしてはどうでしょうか。**

大切なのは、1回の瞑想時間の長さではなく、毎日継続することです。一日1回、できれば朝に瞑想することをおすすめします。慣れれば上の写真のようにさまになってくるでしょう。

腰骨を立て音楽をかけて瞑想しよう

瞑想は姿勢を整えるところから始めます。教育哲学者の森信三《のぶぞう》先生は、①腰骨を立て、②あごを引き、③下腹の力を抜かない「立腰《りつよう》」によって心が整うと説いています。これは日常生活のなかでも常に意識したい教えですが、瞑想ではことに大切になります。

❶腰骨を立て姿勢を正す

まずは骨盤をきちんと立て、黙って座ることを教えてください。園では第7節で紹介した「腰骨を立てます」をみんなで読み上げて立腰を園児に習慣づけていますが、最初は次のようにゆっくり伝えて、正しい姿勢で正座するところから始めてもいいでしょう。

「腰の骨を立てて、手はお膝の上に置きます。そして目を閉じます。お口も閉じて、音楽が流れてきたら耳を澄まして聴きましょう」

子どもは本来、素直なものです。穏やかな声かけで彼らが持つ素直さを引き出し、自然なかたちで「人の言うことに耳を傾ける」よう導き、習慣づけていきます。その素直な気持ちのまま瞑想に入っていけば、あとに述べるようなさまざまな教育効果が期待できます。

❷音楽をかける

シーンと静まり返ったなかでは周囲のちょっとした物音で気が散ってしまうことがあります。音楽を「聞こえるか聞こえないか」くらいの小さな音量で流すといいでしょう。

音楽をかけたら大人も一緒に瞑想に入り、無言を保ちます。姿勢が崩れるようであれば、左のイラストのように子どもの腰を下から上へ、背中のほうまで優しくなでてあげてください。言葉をかけなくても自然に背筋が伸びます。

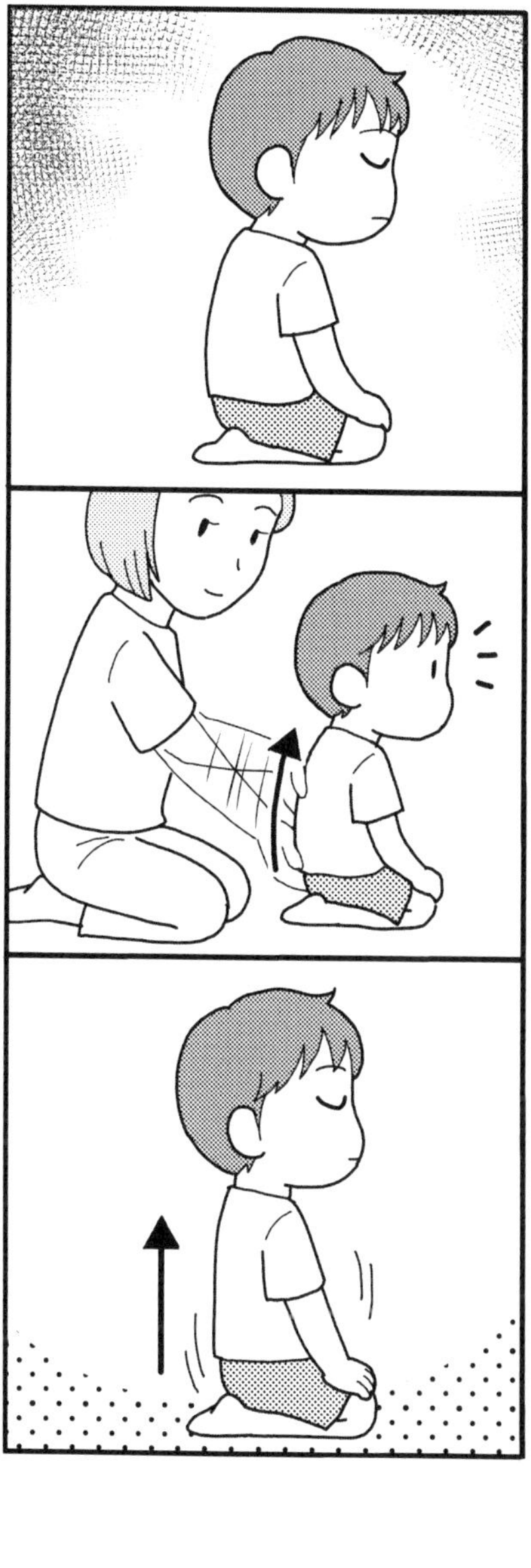

瞑想におすすめのクラシック

月	曲名	作曲
1月	G線上のアリア	バッハ
2月	小フーガ	バッハ
3月	愛の悲しみ〔コントラバス版〕	クライスラー
4月	カノン	パッヘルベル
5月	ペール・ギュント〜朝	グリーグ
6月	雨だれ	ショパン
7月	悲愴ソナタ〜第2楽章	ベートーヴェン
8月	トロイメライ	シューマン
9月	月の光	ドビュッシー
10月	タイスの瞑想曲	マスネ
11月	動物の謝肉祭から〈白鳥〉	サン＝サーンス
12月	アヴェ・ヴェルム・コルプス	モーツァルト

瞑想に適した音楽とは

問題はどんな曲を選ぶかですが、ハードロックや軽快なポップスでは台なしです。ヒーリングミュージックも「あり」ですが、私としてはクラシック音楽を強くおすすめします。常日頃から親子でクラシックに親しんだほうがいい、というのが私の持論ですが、瞑想でも取り入れてほしいのです（もちろん、他分野の音楽を否定するつもりはありません。詳しくは第5章参照）。

これまで園での瞑想でいろいろなクラシックを試してきましたが、子どもが落ち着いて聴けた曲を、「瞑想におすすめのクラシック」として前ページの表にまとめました。季節に合ったものを月ごとに挙げています。

音楽的教養としても知っておくべき作品ばかりなので、親も一緒に瞑想して、じっくり耳を傾けるといいかもしれません。

かける曲は頻繁に変えるのではなく、1カ月間毎日同じ曲を流し続けましょう。曲が始まったら自然に腰骨が立ち、瞼《まぶた》がおりる、といった具合にまで瞑想が習慣化すると理想的です。

瞑想に期待できるさまざまな効果

静かで凜《りん》とした雰囲気を知っておくだけでも子どもにはいい経験ですが、瞑想にはそのほかにも、次に挙げるような多くの効果が期待できます。3歳を待たずに始めてもいいし、幼稚園に通っているあいだも、そしてその後も、習慣として親子で続けてみるといいかもしれません。

●気持ちの切り替えができる

この節の冒頭で書いたように、園では朝は元気に外遊びや体操をした後に、教室での活動になります。瞑想はその境目、すなわち外遊びなどが終わり、教室での活動に入る直前に行います。これが「動」の状態から「静」の状態に移るスイッチの役割を果たしています。

このような気持ちの切り替えを生活上のルーティンにすることで、子どもたちは行動を切り替えられるようになっていきます。

●心を平らかにする経験を積める

楽しく盛り上がるのはいいことですが、ときには自分を休ませる時間をつくることも大切なことです。瞑想には、波立っていた心を凪《な》いだ水面のように平静にする効果があります。脳科学的にも、脳がずっと活発な状態を続けるよりも、一度休ませてリラックスしたほうが、より集中力が高まることがわかっています。

●自分を律する体験が主体性につながる

瞑想中は、勝手に動いたり話したりできません。まわりのことが気になっても気持ちを抑えて、ただ目を閉じ、腰骨を立てて座るだけの「静止した状態」を持続する必要があります。こうした自分を律する体験が、物事をやり切る主体性にもつながります。

●集中して聴く習慣をつける

瞑想の間、子どもたちは音楽にじっと耳を傾けて「聴く」状態をキープすることになります。これは人の話を「聞く」ことにも通じます。黙って音楽に耳を傾けられる子は人の話にも耳を傾けられるようになるのです。実際、いずみ幼稚園の園児は先生の話をよく聞いてくれる子が多く、その姿を見た見学者が驚くこともめずらしくありません。

09

子どもに片付けを教えるには

片付けられないのには理由があった

保護者からときどき、「うちの子がおもちゃを片付けない」という相談をされることがあります。忙しい親がしまうのは大変なので、当然の悩みといえますが、実は「片付け」には、単なる整理整頓以上の意味があります。

片付けは物を大切にする気持ちを養います。また、適切な場所に収納するためにはそれぞれの物の性質を把握して、どこにどう置くか考えねばなりません。片付けは思考力にもつながっているのです。

いずみ幼稚園では、課外授業としてロボット・プログラミング教室を開いています。その教室の先生が子どもたちに真っ先に教えるのが、実はパーツの整理整頓です。「片付け」から教えるのはそれが思考の整理につながっているからで、実際、優れた技術者は、研究ノートの書き方も机のまわりも整理が行き届いてきれいなのだそうです。

そういった意義もあり、また「いま」だけでなく、将来にわたって必要なスキルだからこそ、「片付け」は子どもにていねいに教えてあげなければいけません。

子どもに片付けができないシンプルな理由

しかし子どもは、「片付け」とは何で、どうすればいいか自体がわかっていません。だから、できなくて当たり前です。より具体的には、次のようなことがわかっていないことが多いようです。

①片付ける物がもともとあった場所を覚えていない
②使うものと不要なものの順位づけができておらず、何から手をつけてよいかわからない
③「片付ける」とは具体的にどんな行動をすることかイメージできていない

この3つを解決しなければ、いくら「片付けなさい！」「しまいなさい！」と怒っても効果はありません。

私は、子どもには次のように教えることをおすすめしています。おもちゃの片付け方を例に説明しましょう。

まずは物の「住所」を決めて伝える

最初にやることは、おもちゃをどこに片付ければいいのか、場所をきちんと決めることです。おもちゃひとつひとつについて、収納位置を「住所」として決めましょう。たとえば、

- **棚の1段目は「ミニカー」、2段目は「積み木」、3段目は「ロボット」と決める**
- **小さな箱をいくつか用意して、「ミニカーを入れる箱」「積み木を入れる箱」などと決める**

という具合にルールを明確にしておきます。

物の「住所」が決まったら、今度はその住所を子どもに伝えますが、大人が指さして「ミニカーはここ」「積み木はこの箱ね」と言うだけでは不十分です。

目に見えるかたちで、かつ、あとから見返せるようにしておかなければいけません。

ぜひやっていただきたいのは、文字で表記して貼ることです。紙ラベルなどを使って、

「ミニカー」「電車」「積み木」「ロボット」……など、社会で日常使われる表記で、「住所」を表示します。

文字だけでなく、「ミニカー」「電車」「積み木」「ロボット」を写真に撮って一緒に貼るのもいいでしょう。

「漢字かな交じりでは、子どもが読めない」といった心配はご無用。生活のなかで自然に文字に親しんでもらうためには、このほうがいいのです（詳しくは第4章を参照）。

ここまで準備したあとで、子どもに収納場所を伝えますが、ぜひ、

「ミニカーはここが駐車場だよ」
「プラレールはここが車庫ね」
「くまさん（ぬいぐるみ）はここがお家！」

など、ごっこ遊びが好きな子どもが好みそうな言い方で教えてあげてください。

「いま遊ぶもの」を子どもに決めさせる

表示して教えても、すぐできるようにはならないのが子どもです。教えたあとに大人が片付けを促すのも大事なはたらきかけですが、そんなとき、

「遊ばないものは片付けなさい」

「使ってないものは、しまおうね」

なんて言葉をかけていないでしょうか。

こうした否定語を含む指示は、不要なものを決める（＝劣後順位を決める）指示なので大人でも実行しにくく、ましてや子どもには向きません。否定的な表現を使うのではなく、

「いま、遊ぶものを決めてね」

と、**使うものを選び出す（＝優先順位を決める）ようにはたらきかけたほうが動きやすく、かつ物事の順序を決めて進める練習にもなります。**

遊ぶおもちゃが決まったら、ほかは収納することになりますが、そのときも、たとえば次

のように伝えるようにしてみましょう。

「ミニカーを駐車場に戻してね」

「電車は車庫に戻す時間だよ」

「くまさんはお家に帰してあげよう」

こんな伝え方のほうが、「しまいなさい」よりもずっと楽しそうでしょう。

「ブーン、キキーッ、ミニカー駐車！」

なんて言いながら最後に〝ひと遊び〟して、気分よく終われそうな気もします。

上手《うま》い表現が見つからないときは、「片付ける」ではなく、せめて「戻す」という言葉を使うようにしてください。

「積み木はあの棚に戻そうね」

といった感じです。このほうが「何をすればいいか」が明確に伝わります。

収納するだけでは「片付け」といえない

大きな箱を用意して、そこにおもちゃを全部入れたら「お片付け」終わり、というルールにしている家庭も多いことでしょうが、園では正反対の方針をとっています。

おもちゃから少し話が逸《そ》れますが、子どもたちは園で、自分の制服や持ち物を自分のロッカーに収納することになっています。園児のロッカーの容量は必要最低限にしていますが、実はそこに私たち大人のねらいがあります。

ロッカーが狭いと、持ち物を整然と置かない限りすべては入りません。そんな環境に置かれた園児たちは、自然と「整理整頓」の意義を理解し、自ら片付けるようになります。

もちろん私たちは、園児たちに次のようなサポートもしています。

- **何をどこに置けば物が全部入るか、子どもでもわかる図をつくり、掲示しておく**
- **先生が図を見せながら、自分でできるようになるまで収納を手伝う**

園で見せている図と、それを見て園児が整理したロッカーの写真を次ページに掲載しましたが、こんなふうに教えて、「整理整頓とはどういう状態で、なぜ大切か」を、体験的に子どもたちに浸透させているわけです。

絵を使って片付け方を教える

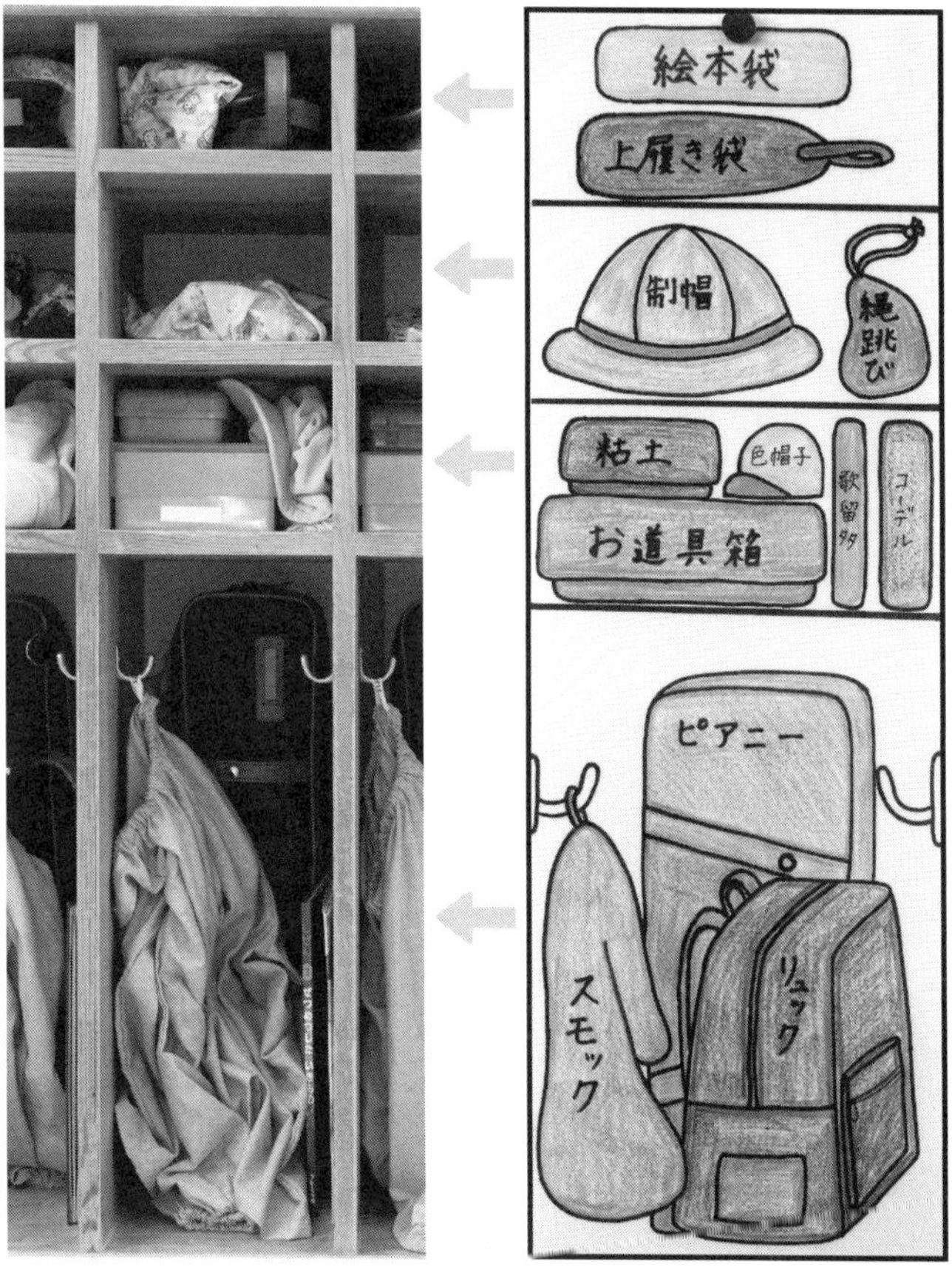

正しい置き方を描いた絵（右図）を参照できるようにしておけば、子どもたちは自力できれいに片付けられるようになる

片付き、整理整頓された状態が、毎日子どもたちの目に入るようにしておくことが大切です。自分の目で見て、なおかつ毎日実行するから「片付け」が身に付くのです。大箱に放り込むだけでは、本当の意味での「片付け」「整理整頓」は学べません。まず大人が整理された状態を示すところから始める必要があります。

就学後、片付けや整理整頓をていねいに教えてもらえる機会はほとんどないでしょう。「見て覚えるだろう」「自然に学ぶだろう」は通じません。大人が意識的に教えてあげるべきです。

声をかけるときは「具体的に」

これは片付けに限りませんが、子どもに指示をするときは、必ず「何」を「どう」してほしいのか、具体的にわかる言葉を使うようにしてください。

例を挙げます。園では教材を園児に出してもらう機会がたくさんありますが、その際の声かけは、必ず具体的にしています。たとえば年少クラスの音楽の時間なら、先生は、

「机を出しましょう」

「椅子を出しましょう」

「ピアニー（鍵盤ハーモニカ）を出して」

と、ひとつひとつ指示します。面倒な感じがするかもしれませんが、この指示がくり返され、ルーティンとして子どもに定着すると、年長のころには、

「はい、いつもの3セット、出して」

と伝えるだけで、子どもたちが机、椅子、ピアニーを自ら出すようになります。時計の読み方を覚えた子に至っては、何も言わなくても時間を見て自ら動くようにすらなるのです（時計を使った時間教育については次の節で紹介します）。

別の例ですが、「○○を下に敷く」という表現を子どもが理解できないこともあります。そういうときは、最初は「お座布団《ざぶとん》にしましょう」と伝えて、だんだん「下に敷く」という表現に慣らしていくようにしてください。

このように、**子どもには、常に「具体的でイメージがわく」声かけをしなければいけません。**伝わる言葉で指示するから、子どもは「自らできる」ようになるのです。

園の保護者も工夫している「声のかけ方」

いずみ幼稚園に子どもを預けてくださっている保護者のなかにも、声のかけ方を工夫している方がいます。2人の方から教えていただきました。

いいところを具体的にほめる

「あれしちゃダメ」「これはダメ」と言いたくなるのが親ですが、私は子どものしたことに少しでもいいところがあったら「これをしたのはダメだけど、ここはよかったね」と具体的に言うようにしています。先生が実際に幼稚園でそういう言葉をかけているのを見て学びました。

いずみ幼稚園は「子どもの悪い点を言うのではなく、基本的にほめましょう」という教育方針ですが、これが我が家でも役に立っています。ネガティブな言葉を使うと自分も疲れるので、これは自分のためにもなります。

やる気が出ないときは折り合いをつける

子どもの集中力が続かないときや、明らかに乗り気でないときは、無理に励ましたり叱ったりせず、いまの状況と折り合いをつけられそうな言葉をかけるようにしています。

たとえば絵を描いているときに子どもの集中力が切れてきて、もう投げ出しそうな状態なら、「頑張ったね」「あっ、でもここに気づけたんだね」「違う色も使ったんだね」など、いいところを見つけてほめたり、「線は描き込まずに、このかたちだけ描こうか」などと提案したり、あるいは「何なら描きたくなる?」と私のほうから聞いたりしています。

＊第5章で紹介するアイデアマラソンに取り組んでいるときのことを指しています。

10 時計で子どもの計画性を伸ばす

本物のアナログ時計を使って遊ぼう

時計はどの家庭にもあり、いずれどの子も使うようになる生活必需品です。読み方はそう難しくないので、子どもにはぜひ小さいうちから時計を与えて、「時間」「時刻」に親しんでもらえる環境を整えましょう。

大切なのは、学習時計のようなおもちゃではなく、実物を与えることです。まずは短針に注目させて「3時」「4時」などと読み方を教えてあげてください。

子どもがある程度読めるようになったら、時刻をクイズにして遊ぶのもおすすめです。たとえば園では、次のような手順で時刻を当てるゲームをしています。

❶アナログの時計を用意しておく

❷子どもに目を閉じてもらうなど、時計を見ないようにしてもらう

そして子どもに見えないように気をつけつつ、大人が時計の針の位置を調整して、ある時刻を指すようにします。ここまで進めたあと子どもに目を開けてもらい、

❸大人が「これは何時？」と尋ねて、子どもに答えさせる

という遊びです。何度もくり返せば、だんだん時刻の概念に慣れていけます。

問う内容は段階的に難しくしていきましょう。年少のころは30分刻み、年中は10分刻み、年長では5分刻み、その後、1分刻みのクイズへと進めるのが園のやり方ですが、家庭であれば子どもに合わせて調整すればいいと思います。

すでにちょっと書きましたが、この遊びはアナログ時計を使わなければ成り立ちません。アナログ時計は、針の位置から直感的に時刻をつかみやすく、教材としては優れものです。ぜひ自宅にひとつは置いてください。

そしてこのクイズでも、チャレンジした時点で子どもを「ほめる」ことを忘れないでください。成長を促す極意は「やらせて・ほめる」です。

時間が意識できるようになっていく

時計を使った遊びをおすすめしたのは、それが子どもとその家族の「生活の質」の向上につながるからです。

時計の読み方を覚えると、子どもは自分から時間を知ろうとするようになり、やがて時間に沿って自ら動くようになります。実際、いずみ幼稚園では、

●時計の前で一生懸命、時刻を読もうとしている年少の子
●時計を見て、自ら次の行動を起こす年中の子

などをよく見かけます。

「あと何分？」と、残り時間を聞いてくる園児もいますが、そういった子はきっと、残った時間で何をするか、考えようとしているのでしょう。子どものなかに計画性が育っている証拠です。

子どもは本来、「いま」を楽しむのに貪欲《どんよく》で、行動の切り替え（スイッチング）は苦手です。しかし、現実の生活では「次に移ったほうがいいとき」がたくさんあります。**機を見て自らスイッチングできれば生活がよりスムーズになり、各々が「やりたいこと」に取り組める時間も増えます。**子どもへの時計教育は、家族全員の「生活の質」の向上にもつながるのです。

時計の読み方は小学校1年生の算数のカリキュラムに盛り込まれていますが、学校の授業時間数は限られているので、苦戦する子が少なくありません。就学後の準備にもなるので、時間の概念だけは身に付けさせておきたいものですね。

11

生活時間発表で生活の質が向上する

子どもの生活と時間を結び付ける

時計の読み方だけでなく、時間が生活にどう関わっているかを子どもに伝えるのも大切な教育です。家に表形式のカレンダーを掲示し、1～2歳のころから、

- **昨日は何をしたか**
- **今日は何をするか**
- **来週はどこに行くか**

などを子どもと話して、**曜日や日、週という「時間の区切り」があることを教えてあげてください。**

時計についても、おもちゃとして与えてクイズ（前節参照）を楽しむだけでなく、もう一歩進めましょう。朝起きる時刻、おやつ、好きなテレビ番組が始まる時刻など、子どものルーティンと結び付けて、

「今日は7時に起きたね」

「いまは3時。これがおやつの時間だよ」

などと、こまめに子どもに伝えると理解が進みます。

いずみ幼稚園の「生活時間発表」とは

園では時計教育の一環として、年長クラスで毎日「生活時間発表」を行っています。園には先生が使う大きな時計教材がありますが、朝その教材を用意しておき、登園してきた子どもに、

「生活時間発表してくれる人！」

と呼びかけます。手を挙げた子のなかから何人か指名して前に出てきてもらい、大人が次のように質問します。

「昨日は何時にお布団に入った？」

「今日は朝、何時に起きたかな？」

そして子どもが時計教材を操作して、時刻を表示して答える、というのが「生活時間発表」です。理解が早い子には、

「朝、園のバスに乗った時間は？」

と、ちょっと難しい質問をすることもあります（園バスの時間は、「○時×分」などと細かく決まっており、地域によっても到着時間が少しずつ違うので難しいのです）。

子どものルーティンをクイズにしよう

この「生活時間発表」のようなことを、ぜひ家庭でも試してみてください。

時計を用意しておき、子どもに、

「今日は何時に起きたっけ？」

などと質問してみましょう。時刻が十分理解できていない子には、「7時30分だね」などと親が答えて時刻を示してあげるだけでもいい学びになります。また、

「今朝は何時に起きたかな？」
「おやつの時間は普通、何時かな？」
「○○（子どもが好きな番組）は何時に始まるかわかる？」

など、「分」まで答える必要のない簡単な問いから始めるという方法もあります。

応用として、「今日、帰る時間は何時？」「夕ご飯を食べるのは何時になるだろう？」と、この先の予定を尋ねる手もあります。

自分のことと結び付けて教えてもらったほうが子どもも理解しやすく、親も「ついで」にできるのでおすすめです。

そして頑張って答えたら、子どもを必ずほめてください。少々間違ってもまったく気にすることはありません。

保護者の声

子どもが「自ら行動するしかけ」をつくる

子どもに実行力をつけてもらうため、いずみ幼稚園の実践を参考に次のようなことを始めた保護者もいます。

我が家では登園までのルーティンを子どもが自分でできるように、「お仕度ボード」「持ち物一覧表」をつくりました。100円ショップで買ったマグネットシートを切り、そこにテプラで文字を貼った掲示物です。

シートは両面式で、たとえば園の鞄《かばん》に翌日の持ち物を入れたり、「トイレ」「着替え」などの仕度を終えたところで、そのたびに子どもが自分で該当するシートを裏返し、何が終わったか見てわかるよう「見える化」を実践しています。

子どもたちがルーティンを「自ら行う」助けになればいいと思って、このようなことをしています。上の子は年中のときに全部できるようになりました。下の子は年少から始め、現在年長ですが、私が声をかけなくても翌日の仕度や準備などは自分でできるようになりました。

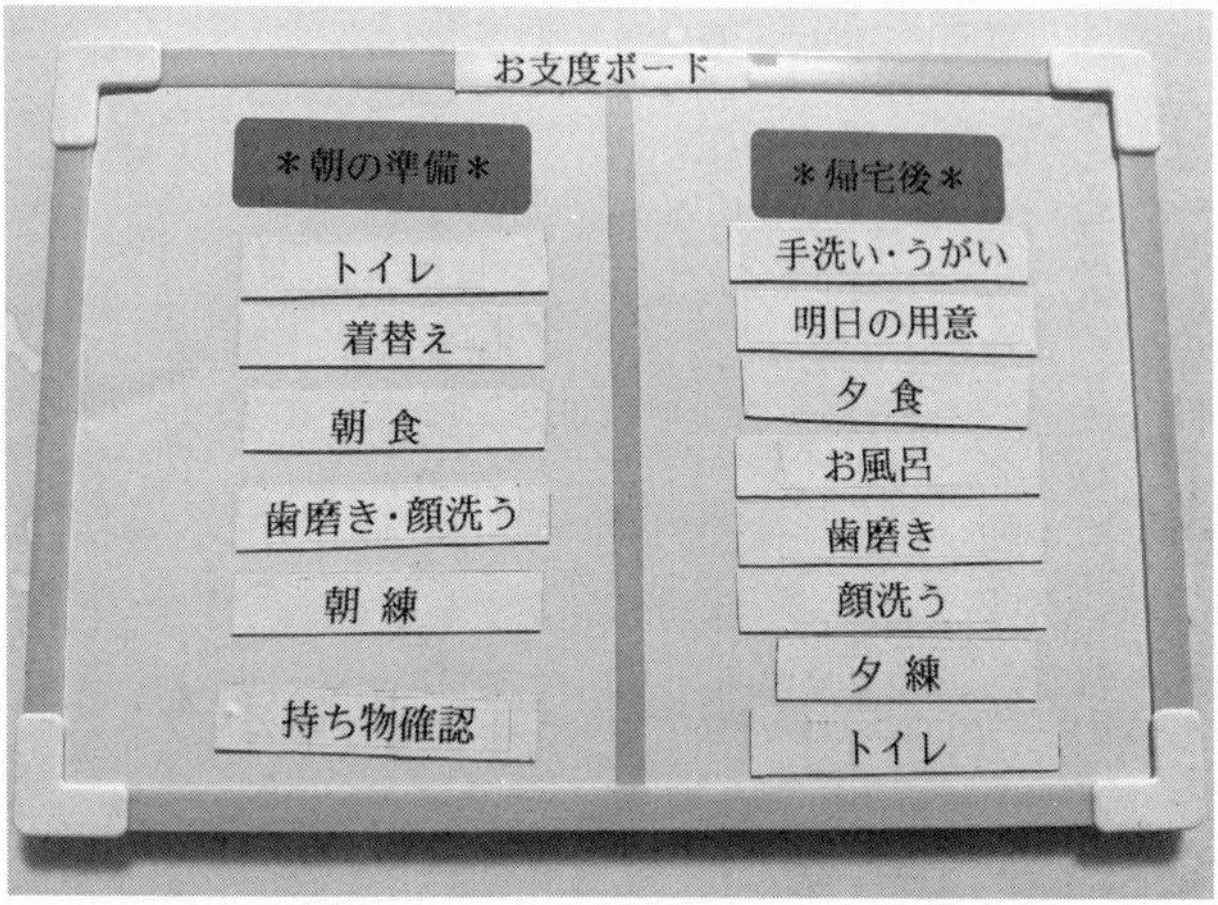

手作りの「お支度ボード」。「トイレ」「着替え」などのシートが貼ってある。漢字を使うことで言葉の学習にもつなげている（写真：保護者提供）

12 他者との関わり方を学んでもらう

子ども同士のケンカは「チャンス」

4歳を過ぎた子には自我が芽生えはじめ、他者への興味が強くなり、競争心も旺盛になります。そのような時期は対人関係について教える好機であり、また、家族の、そして社会の一員としての活動へと導く絶好のチャンスでもあります。

このころには、ほかの年齢のときと比べて子ども同士のケンカが起こりやすく、いずみ幼稚園でもときどき園児同士が衝突します。

ケガが起こるような激しい殴り合いや、一方的な「いじめ」は論外ですが、そうでない普通のケンカは「良い学びの機会」として活《い》かしたい、というのが私の考えです。

以前、ケンカの相談に来られた保護者を、「小さいうちにそういう経験ができてよかったじゃないですか」と励ましたこともありますが、ケンカは脳の発達を促すので、成長には必要なものなのです（脳科学者の澤口俊之《としゆき》先生に教えていただきました）。また、他者との衝突のような「不条理」を経験することで、子どもの心は強くなっていきます。

そこで問題となるのは、ケンカ後の子どもとの接し方。どのようにすればいいでしょうか。

一緒に解決策を考えよう

子どもが2〜3歳のうちは、我が子の味方になってあげてもいいと思います。

ですが4歳を過ぎた子の場合は、ケンカのあと、

「どうしたら、○○くんとケンカにならずに済んだかな？」

「このあと、どうすればいいと思う？」

と問いかけて、**対立を解消する方法、あるいは衝突なしで穏便に解決する方法を親子で探してみましょう。**

子ども同士のトラブルは、おもちゃの取り合いや遊具の順番など、些細《ささい》なことから起こるケースが多いものです。そういった小さなケンカの起こったあとは、子ども自身に解決策を考えさせる機会として利用しましょう。

友達とぶつかるのはつらい経験に違いありませんが、4歳にもなれば、状況を振り返りどう振る舞えば解決できたか、自分のなかに根付いた規範意識をもとに考えられるはずです（もちろん、大人がそばについて助言を与えるのを忘れてはいけません）。

「人の役に立つ経験」を積ませよう

このほか、子どもにたくさん積ませてあげたいのが、「人の役に立つ経験」です。早いうちから「メンバー」として集団に貢献する感覚を得てもらうようにしてください。

最初は「家族の一員」として、家でのお手伝いから始めます。**できれば2〜3歳のころから子どもに用事を頼み、きちんと取り組めたらほめて、〈自分は役に立っている〉という感覚、すなわち自己有用感を持たせてあげてください。**しつこいですが、極意は「やらせて・ほめる」です。

同時に、子どもがより多くの「他者」と関わる機会も設けましょう。親族（祖父母など）がいる場でお手伝いをしてもらったり、あるいは学校や近所のボランティアなどもおすすめです。親以外の人との関わり方や、「公」と「私」の区別などを体験的に学ぶ、またとないチャンスとなるでしょう。

そして子どもが6歳になったら、1日15分でいいので何か「継続してやること」をつくり、「勤勉性」を育ててください。お手伝いでも、机に向かっての勉強でも、親子でするジョギングでも、何でも構いません。コツコツ続けて努力を積み上げる力を養っておくことが、その後の成長につながります。

保護者の声

大人の接し方が子どもの振る舞い方を決める

親の態度や接し方は、間違いなく子どもに影響しています。ある卒園児の母親は、次のように語ってくれました。

私は子どもに、「あとでね」「あとでやるから」と言わないように気をつけていました。

たとえば子どもが「〇〇をして」（たとえば「絵本読んで！」など）と求めてきたら、料理とか絶対に手が離せないときを除き、必ず手を止めます。そして「わかった」と答えて、すぐ行動するようにしていました。

園で先生から「子どもは親の真似をします。とくに母親を真似するので、お母さんがしっかり接してあげてください」と言われたことが影響しています。

この心がけのおかげか、うちの子は宿題にしても縄跳びの練習にしても、私が「これをやろうか」と言ったときに、「あとでやる」とか「そのうちやる」

とは言わない癖がついたように思います。「先延ばしにしても面倒になるだけ、やるべきことは、いましっかりやったほうがいい」とわかってくれたのかもしれません。

第3章

3

「自ら学ぶ子」に育てるには?

生活のなかで遊び感覚で学ばせよう

子どもの五感（視覚、聴覚、嗅覚、味覚、触覚）は3歳くらいまでに大人と変わらないくらいにまで発達します。その感覚を活《い》かせば多くの学びを得てもらうことができます。

子どもにとっては、身のまわりのすべてが「未知のもの」であり興味が尽きません。何に触れても面白く、鮮烈な印象が記憶に残ります。この時期を学びに活かさない手はないでしょう。良質な知的刺激を与えて、成長を後押しすべきです。

ポイントは、「学び」と「遊び」をわけて考えるのをやめること。それは大人の感覚なので捨ててください。子どもは見たもの・聞いたものを遊び感覚でどんどん吸収することができます。

大人が心がけるべきなのは、何でも「本物」（または、本物に近いもの）を与えること、ただそれだけです。大人も一緒になって五感をフル活用して楽しんでみてください。

13 実物で遊んでもらおう

文房具は早めに与える

お絵描きや粘土いじり、工作や折り紙などの遊びは子どもの創造性を伸ばすので、早くから始めるに越したことはありません。

子どもが物を自由につかめるようになるのは1～2歳ごろからです。そのくらいの年齢になったら、さっそくクレヨンや鉛筆など、道具を与えて好きに遊ばせてあげましょう。**道具を与える時期は、早いほどよい**と私は思っています。

ハサミもおすすめです。ハサミで切るためには手先を細かく動かさねばなりませんが、それがよい刺激となって幼児の脳の成長を促します。安全な幼児用ハサミも売っているので、その子が使えそうなものを選んで与えてあげましょう。

粘土を使った遊びもいいし、お絵描きもぜひ親子で楽しんでください。子どもが粘土で同じようなオブジェをくり返しつくったり、同じような絵を何度も描いたりするかもしれません。金色のリンゴや青い太陽を描く、なんてこともあるでしょう。

そんなとき大人が、「リンゴは赤だね」などと口出しをするのは野暮というもの。よく見ていると、子どもなりにときどき色やかたちを変えようとしているはずです。**その試行錯誤が思考力を伸ばすので、好きなように描かせてあげましょう。**

子どもが2〜3歳くらいのうちは、上手《うま》い・下手《へた》は気にしないことです。たくさん遊ぶうちにいつか技量が上達するので、量が質に転化するのを気長に待ちましょう。

最良の知育教材は「実物」

遊びを、文房具やおもちゃを使った活動に限定しておく必要はありません。お父さんがしている腕時計や、お母さんが使っている調理器具など、**子どもが日用品に興味を示したら、ぜひそれらも、子どもの遊び道具に加えてあげてください。**たとえば、

●「はかり」を使って重さの計量ごっこをしてみる

●「計量スプーン」を使って、量を比べてみる

こういった遊びをすれば、子どもは自然と「重さ」「体積」の概念に慣れ親しみます。

●「アナログ時計」を与えて自由にいじらせる

●ときどき大人が時計の読み方を教えてあげる

など時間の概念に触れる機会をつくっておけば、その後の時計教育にもつながるでしょう（この点については第2章の第10節参照）。

このとき、子どもにはぜひ、**安物でいいので本物の「はかり」「計量スプーン」「時計」などを与えてあげてください。**

子どもが成長すれば、いずれそれらの日用品を使うことになります。あるいは、学校で教材として使う機会も出てきます。であれば、いずれは捨ててしまうおもちゃを与えるのではなく、本物の日用品を与えてもいいのではないでしょうか。

正しい使い方や目盛りの読み方を、大人が子どもに「理解させる」必要はありません。学ぶ機会は、あとでいくらでもあります。**親とコミュニケーションをとりながら、実物を見て、使って、複数の感覚を通じて「触れる」――それだけで十分です。**

14 図書館・博物館を利用して博士を目指そう

どの子も「博士」になる力を秘めている

幼いころ、電車や昆虫に夢中になったという読者も多いはずです。気に入ったものをとことん追求するのが子どもですが、そんな子どもの興味・関心は、ぜひ大人が後押ししてあげてください。そして、社会との接点ができるように視野を広げてあげましょう。

いずみ幼稚園には電車が好きな園児がたくさんいます。ある保護者は、鉄道が好きな我が子にプラレールやトミカを与えて遊ばせていましたが、それだけでは終わりませんでした。

子どもの遊びのなかに鉄道会社が販売するグッズを交ぜてみたり、子どもと実物の電車を見に行ったりと範囲をどんどん広げていき、ついには鉄道博物館で開催された運転士体験に一緒に行くなど、子どもの「好きなもの」を親子で掘り下げていきました。

するとこどもはいよいよ鉄道に夢中になり、東京都内の鉄道の路線名や駅名をすっかり覚えて「鉄道博士」と綽名《あだな》されるほどになったのです。

このような学びを軽視してはいけません。名称を覚えたということは、路線名や駅名に使われている漢字（たとえば「池袋」「田町」……など）の読み方がわかるということです。

路線名の由来（たとえば東京と埼玉を結ぶから埼京《さいきょう》線と呼ばれることなど）を通じて地理の知識に触れたことにもなります。

このように、**子どもの小さな興味を広げ**

ていくと、それが「学ぶことは楽しい」という原体験になるのです。もちろん、その効果は就学後の学びにもつながります。

とにかく親子でひとつ極めてみよう

子どもが何かに熱中している様子が見られたら、大人は子どもの関心に共感し、一緒に楽しんであげてください。

そして、**本物（あるいは本物にできるだけ近いもの）を見せたり、実際に触れさせたりしてあげましょう。いわゆる「オタク」を養成してほしいのです。本物に実際に触れたというその「体験」こそ、最良の学びになるからです。**

たとえば私の息子は3歳のとき、ドラえもんの長編映画『のび太の恐竜』にすっかり夢中になり、セリフを暗記するくらい熱中しました。

そこで親子で図書館に行って一緒に恐竜図鑑を見たり、恐竜の絵本を借りて読み聞かせたり、さらには国立科学博物館へ息子を連れて行ったりして、興味を広げていきました。

この映画には、福島県いわき市で発掘された首長竜「フタバスズキリュウ」が登場しますが、息子はとりわけその恐竜に興味津々《しんしん》だったので、家族旅行でいわき市の博物館を訪れて実物の化石を見たりもしました。そうこうしているうちに息子は、4歳で文字を覚えて『ドラえもん』を漫画で楽しめるまでになっていました。

もちろん、たどたどしく読むのがやっとでしたが、それでも映画から始まった恐竜への興味を広げていったら、それが「古生物の歴史」「考古学」「生物とその進化」そして「文字」などの学習へとつながったのです。

本物を体験させるのが「学び」

大切なのは、とにかく「本物」を体験させることです。インターネット上にある画像を見せて終わり、ではいけません。

本物をいろいろな角度から見たり、触ったりして、多くの感覚から刺激を受ける機会をつくりましょう。五感で味わうから知識として鮮明に残るのです。

先ほどの保護者のように、運転士体験をさせるのもいいし、子どもが天体に興味を持ったならプラネタリウムに連れて行くという方法もあります。肌身で感じさせてあげましょう。

子どもがワクワクするものをひとつ見つけて広げていくと、親も新たな発見を得て楽しくなり、ワクワクしてくるはずです。そして楽しそうにしている親を見ると、子どもはよりいっそう、熱中していくものです。

そんなシナジー（相乗効果）が親子の間に生まれそうなものをひとつでも2つでも見つけて、子どもが「博士」になるのを、ぜひ後押ししてあげてください。

ただ図書館へ連れて行くだけで

とりあえず親子で図書館に行くだけで、子どもは勝手に本を読むようになります。そのことを実感させてくれた次のような保護者の体験談があります。

いずみ幼稚園で「図書館に子どもを連れて行きましょう。そのうち子どもが自分の好きな本をピックアップするようになります」と言われたので、まだ年少のころから遊びも兼ねて図書館に通いました。

すると、表紙が気に入った本を子どもが自分で選んで借りるようになりました。年長のときには、小学1～2年生向けの100ページ以上はあるような本を、多いときで1週間に10冊くらい読むようになりました。

15 平仮名は五十音表を掲示するところから

とりあえず子どもの目に入れる

子どもに「ひらがなドリル」などのテキストを与えて、文字を覚えさせようと躍起になる大人もいるようです。

文字を教えるのは悪いことではありませんし、子どもが好きで取り組むならどんどんやるべきですが、大人が無理強いした結果、子どもが学ぶこと自体を嫌がるようになってしまっては元も子もありません。

私は、**「掲示する→興味を持ってもらう→読めるよう導く→文字を書く」というふうに、スモールステップで導いていく方法をおすすめします。**

難しいことをする必要はありません。最初は子ども向けの五十音表を家のなかに貼っておけばいいのです。具体的な「物」と「言葉」そして「文字」の、3つの要素の結び付きが直感的にわかる、イラストつきの五十音表を貼るとなおいいでしょう。

そうやって平仮名に「触れさせる」だけで、子どもには十分な後押しになるのです。

五十音表を掲示する場所は、必ず子どもの目に入るところにしましょう。たとえば、

- **テレビの横**
- **食卓の子どもの席の前の壁**
- **浴室の壁**

などがいいのではないでしょうか。あるいはテーブルに透明なマットを敷き、その下に五十音表を挟み込んでおく、というのもいいかもしれません。

とにかく、いつ貼っても「早すぎる」ということはありません。子どもが赤ん坊のうちからやっておいてもいいと思います。

尋ねられたら教える、のスタンスで

子どもは室内の変化に敏感です。五十音表のような見慣れないものがあると、さっそく目を向けるに違いありません。

たとえば子どもが「これ何？」と聞いてきたら、コミュニケーションのチャンスです。大人が文字を指さして、右のマンガのように、

「これは『ひらがな』だよ」

と教えてあげてください。

「これは朝顔の『あ』だよ」

と、単語に関連付けたりもしてみましょう。

大人は基本的に、「尋ねられたら教える」というスタンスでいれば十分です。ただし、子どもから質問が出たら、どんなに忙しくてもきちんと教えてあげてください。

個人差はありますが、「聞かれたら答える」をちゃんとくり返すだけで、多くの子は3歳くらいで平仮名がだいたい読めるようになります。

書き方を積極的に教える必要はない

子どもは初めて見たものや興味がわいたもの、好きなものを絵に描こうとするものです。五十音表を貼っておくと、3~4歳くらいから平仮名を「描こう」とする子が出てきますが、それもまた子どもにとってはいい学びになります。

当然ながら上手には書けません。うねうねした、よくわからない線を引くのが精一杯でしょう。ミミズが這《は》った跡のような線を目にすると、大人はつい、「こう書くんだよ」と教えたくなりますが、その必要はありません。

見守りに徹し、あくまでも好きに描かせてあげて、子どもが「できた！」と見せにくるなどしたら「上手に書けてるね！」と大げさにほめてあげましょう。子どもが困って、「どう書けばいい？」と尋ねてきたときだけ、ていねいに教えてあげればいいと思います。

「ちゃんと書きなさい」「線が曲がってるよ」などと口出ししたくなる瞬間があるかもしれませんが、そこは我慢です。

大人が余計な口出しをすると、「楽しいお絵描き」だった書字が一転して「苦痛なお勉強」になります。子どものなかにせっかく芽生えた「書くことへの興味」を枯らしてしまっては元も子もないので口出しは控えましょう。ただし、子どもが〈教えてほしい〉〈手伝ってほしい〉と思っているようであれば、そのときは大人が積極的に教えてあげてください。

本格的に文字を書くのは、友達が増え、お便りや年賀状が届くようになり、子どもが自ら「手紙を書きたい！」などと言い出してからでも遅くはありません。それまでは、文字というものの存在に気づき、興味を持てる環境を整えてあげるだけでいいと思います。

保護者の声

いつの間にかカタカナまで学習

日ごろから文字に触れていると、文字に対する子どもの〝感度〟のようなものが鋭くなるのかもしれません。ある保護者の経験を紹介します。

いずみ幼稚園の園長先生は、「リビングに平仮名の表を貼っておくと、わざわざ教えなくても子どもは自分で字を覚えますよ」とよく教えてくださるのですが、これは確かにそうかもしれません。

うちの子は園に通っているあいだにいつの間にかカタカナを使うようになりました。好きな戦隊シリーズのヒーローや登場する怪獣の名前を、折り紙やチラシの裏にカタカナで自分で書くようになったんです。

「幼稚園で練習したの？」と聞きましたが、子どもは「してない」と言っていました。もちろん子どもなので、上手く書けていなかったり、わからないカタカナもありましたが、それでも自発的に書きはじめたことには驚かされました。

16

早いうちから地図に親しんでもらおう

テレビ番組は地理情報の宝庫

多くの家庭では、一日のうちのどこかに、必ずテレビをつけている時間があるはずです。しかし、ただなんとなく「つけっぱなし」にするだけではもったいない。どうせなら、番組を利用して子どもに地理の知識に触れてもらう機会をつくりませんか。

手始めに、テレビの横の壁に「地図」を貼りましょう。日本の47都道府県が表示された、大雑把な地図で構いません。貼る場所がなければ、小さめの地図をソファの横に備えつけてもいいでしょう。要するに、すぐ地図を見られるようにしておくのです。準備はそれで終わりです。

学びに活用しやすいのは、次のような番組です。

●朝のニュース（とくに天気予報）

●面白い風景や絶景を紹介する番組

こういった番組には、必ず都道府県名や地名が映像とともに登場し、その土地ならではの話題が扱われることが多く、左のマンガのようにはたらきかけるチャンスです。

- **野生動物や自然を取り上げた番組**
- **歴史や地理、各地の特産品を紹介するクイズ番組**
- **芸能人が各地を旅する番組**

などもおすすめです。

親子で地図を眺めてみよう

たとえば朝食のテーブルを囲んでいるとき、あるいは夕食後、なんとなく親子でテレビを見ているとき、番組内で青森県が取り上げられたとしましょう。親はそこを逃さず、子どもにこう呼びかけてほしいのです。

「青森県がどこにあるかわかる？　地図で探そう」

そして貼ってある地図で一緒に探してみましょう。または子どもに「探してごらん」と、クイズとして出すのもありです。きっと子どもは、ゲーム感覚で答えてくれるはずです。

小さなことですが、機会があるたびにこのような遊びをくり返すのがポイント。**楽しい遊びとしてくり返すことで、子どもは地図と都道府県名を結び付けてどんどん覚えていきます。**

地図は漫然と貼りっぱなしにするのではなく、子どもの関心が深まり、変化するのに合わせて種類を増やしたり、変えたりしてもいいと思います。

- **都道府県名とともに各地の特産品を紹介する地図**
- **平野や山地など地形情報が盛り込まれた地図**
- **国名が書かれた世界地図**

などを追加で貼ったり、あるいは取り換えたりしてもいいし、貼るスペースがなくなったら、地図帳を用意するという手もあります。

ちょっとしたことですが、ぜひ試してみてください。

保護者の声

地図から知的な活動の幅を広げる

地図を新聞や日記とリンクさせると、より知的で楽しい取り組みができます。こんな面白いことをしている保護者もいます。

我が家では、子どもが年長のときに、ある新聞社が発行している「子ども新聞」（月額500円〔税別〕）を購読しはじめました。

子どもは最初、4コマ漫画だけ読んでいましたが、食事の時間にそのときどきのニュースを話題にしているうちに、だんだん時事問題や社会問題の記事も読むようになりました。

リビングで私が座る席は決まっていますが、そのわきにはラックを備え付け、地図などを入れています。子どもが知らない地名が新聞に出てきたら、ラックから地図を出して、「ここに出てくるニュージーランドがどこにあるか、調べてみよう」と、子どもに声をかけて一緒に調べたりもしました。

卒園後、うちの子は「育み教室」にも通いましたが、そこでは「絵日記」を毎日書く宿題が出ます。うちでは気になる記事があったとき、新聞の記事を使って日記を書いてみようという話になり、子どもが頑張って書いたところ育み教室の月間優秀作品に選ばれ、通信でも紹介されました。また、才能育み教室に通った3年間のうち、日記の年間優秀賞を2度にわたっていただくことができたのは嬉しい思い出です。

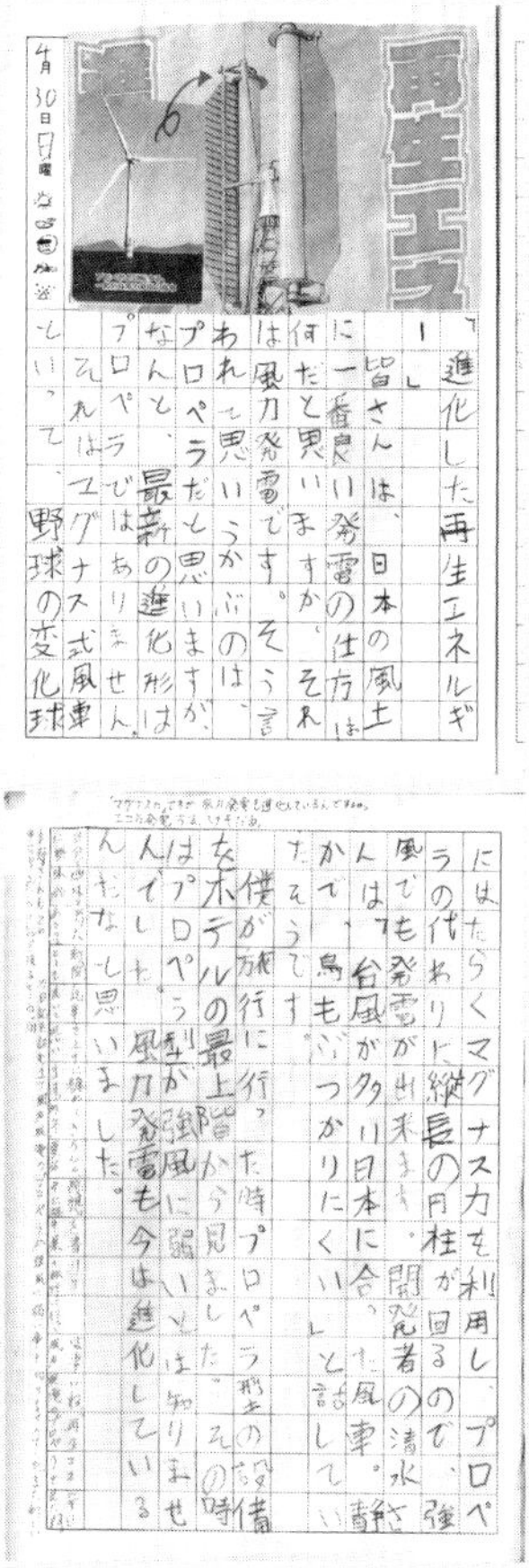

新聞の記事を題材にしたある日の日記

（写真：保護者提供）

17 言葉を増やすなら平仮名マグネットがおすすめ

自宅の冷蔵庫を「遊び場」にする

「あ」「い」「う」……など、文字が1字ずつプリントされた積み木を見かけたことはありませんか。そのような文字つきの玩具で大人が「言葉の教育」をするのもひとつの手ではありますが、しかし、大人（とくに親）は多忙です。子どもと遊ぶ時間をつくるのが難しいことも、往々にしてあるでしょう。私の家がまさにそうでした。

そこで我が家では、こんなことをしていました。

まず、平仮名を1文字ずつ記したマグネットを10～15枚ほど用意しておきます。そして、そのマグネットを冷蔵庫に貼っておき、子どもに遊ばせたのです。

こうしておくと、子どもが「いぬ」「みかん」「くるま」など、言葉をつくって遊んでいるそばで家事ができます。子どもが近くにいるので手が空いたら会話も可能。まさに子どもの遊びと親の仕事が両立する、一石二鳥の方法でした。

少なくとも我が家では、これだけで子どもの語彙と文字を操る力がどんどん伸びました。できた単語を見て、「こんな言葉も知ってるの⁉」と驚いたことが何度もあります。

「平仮名マグネット」のつくり方

平仮名マグネットの用意は、それほど大変ではありません。

まず、マグネットを用意します。形状は何でも構いませんが、紙を貼り付けられるよう、表面が平らなものを選んでください。そこに手書きか、もしくはプリントした文字を貼り付ければ準備は終わり。はじめから五十音すべて用意する必要はありません。

いまならマグネットは100円ショップで簡単に手に入りますし、平仮名はパソコンで簡単に入力できます。インターネットで五十音表をダウンロードして、切り取って使ってもいいでしょう。

探せば市販の既製品が見つかるかもしれませんが、ぜひ、親に手作りしてほしいと思います。**手ずからつくったものには愛着がわくので、親も〈遊ばせたい〉と思うし、子どもも〈やりたい〉と感じるに違いありません。**市販品では、そうはならないでしょう。

「聞かれたら答える」だけでいい

遊び方にルールはありませんが、子どもを遊びに「惹《ひ》き込む」にはコツがあります。**まずは大人が率先して子どもに声をかけ、楽しそうに遊んで見せるのです。〈面白そうだ!〉と思わせることができればしめたもので、あとは少しだけ一緒に遊んであげましょう。**その後は、ちょうど次ページのマンガのように、子どもが自らマグネットで遊ぶようになるはずです。

貼っておくマグネットは、最初は10文字くらいにしておいて、子どもが言葉を覚えるにつれ、15枚、20枚と増やしていけばいいと思います。

また、最初につくる言葉は、子ども自身の名前や、2〜3文字程度のなじみ深い単語（「いぬ」「こあら」「さる」など）がいいのではないでしょうか。

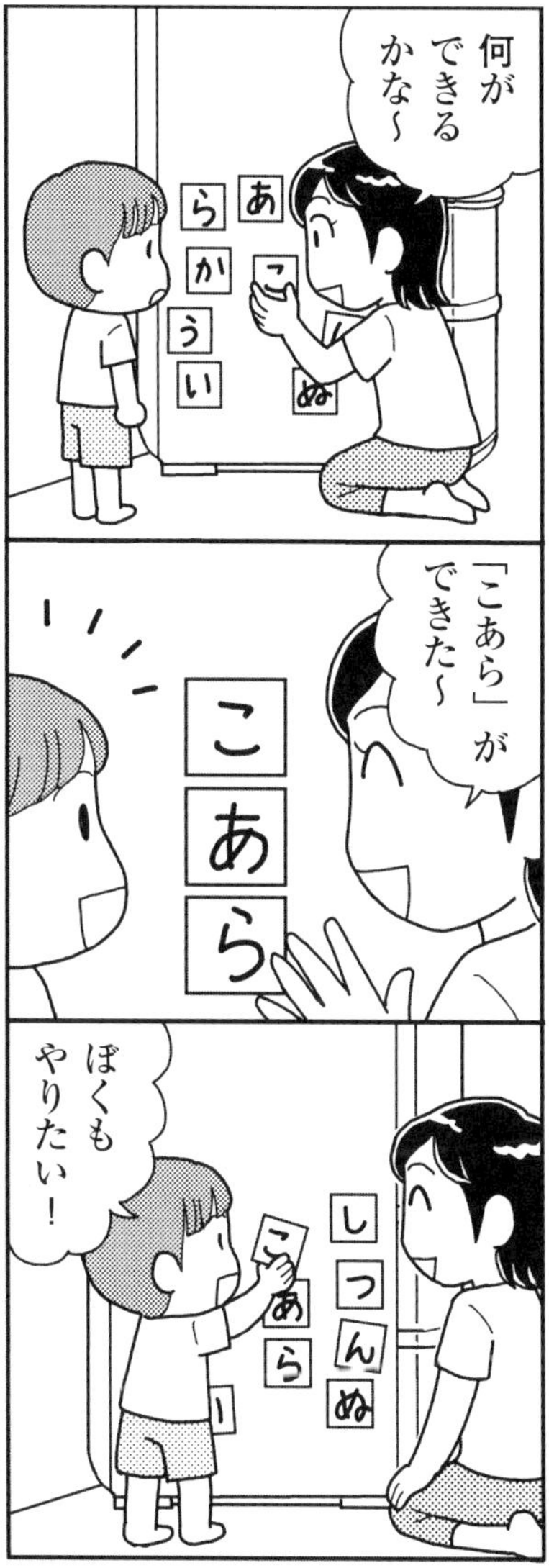

早く始めて漢字なども取り入れよう

大人がつきっきりで言葉を教える必要はありません。イラスト入りの五十音表をそばに貼っておくなどして、子どもがいろいろな言葉に「気づける」環境を整えておけば十分です。「わからない」と言ってきたときだけは、必ず手を止めて教えてあげましょう。

マグネットを増やせば、いろいろな遊び方を楽しめるのが、平仮名マグネットのいいとこ

ろです。たとえば、

- **「しりとり」にしてみる**
- **クロスワードパズルごっこをやってみる**

こういった楽しみ方もいいでしょう。

平仮名だけでなく、カタカナ、漢字、数字、アルファベットなど、文字の種類を増やしても面白いかもしれません。たとえば漢字の書かれたマグネットが売っているのはあまり見かけませんが、作る手間をおしまなければ簡単に用意できます。

この「平仮名マグネット遊び」を始めるなら、早いに越したことはありません。2歳になるとマグネットは十分扱えるので、遅くともその年齢から始めることをおすすめします。読み聞かせなども行えば、3歳でかなり多くの言葉がつくれるようになるはずです。

我が家の場合、キッチンにはだいたい母親がいて子どもと話がしやすかったので「冷蔵庫の側面」をマグネットの定位置にしていましたが、もちろん、リビングなどでこの遊びを楽しんでも構いません。**ただひとつのポイントは、「最初は親子で一緒に楽しく遊ぶ」こと。**それが子どもを遊びへ、そして学びへと導く最良のきっかけになるのです。

保護者の声

手を止められないなら家事に誘う

学びも運動も、何でも「親子で一緒に」が原則ですが、そうはいかないとき、どうすればいいでしょうか。ある卒園児の母親は、こんなヒントをくれました。

フルタイムの仕事をしていますが、私は可能な限り子どもを第一優先で行動しています。幼児期のかわいらしい感性を備えた時期は、子どもが幼稚園に通っている「いま」しかない、と思っていましたから、子どもが「〇〇したい」と言ってきたらそちらを優先して、親子の時間を一緒に楽しみました。

もし、どうしても家事で忙しいときは、「料理を一緒につくろう」と子どもを家事に誘うこともありました。

18

遊び半分で図形が学べる タングラム

マグネットを切れば準備完了

「タングラム」という知育教材をご存じでしょうか。

丸、四角、三角などの図形を組み合わせ、図形や生き物のかたちをつくって楽しむゲームで、単純ですが、思考力や想像力が磨かれる遊びとしてよく知られています。

タングラムは2歳の子どもでもそれなりに楽しく遊べますし、つくるのも簡単なので、私は園の保護者に手作りで用意するようおすすめしています。

つくり方はだいたい次のような感じです。

まず、板状のマグネットを用意します。１００円ショップなどで手に入るものでＯＫです。

着色されたものがあれば、何色か異なる色のものを買っておくのもいいでしょう。

あとはそのマグネットを好きなかたちに切れば準備完了です。最初は三角形だけをつくって始めれば十分でしょう。

「時間がない！」という方は、もちろん市販品を探しても構いません。

前節では平仮名マグネットについて書きましたが、我が家では、タングラムでもよく遊びました。

冷蔵庫に貼り付けるため、必ずマグネットを使っていましたが（その理由については前節に書きました）、もちろん厚紙でつくってリビングなどで遊んでもいいと思います。

遊びながらさりげなく図形の世界へ

問題は、どんな図形を用意するか、ですが、三角形だけでいいのではないでしょうか。三角形を組み合わせれば、正方形、長方形、台形など、いろいろな図形が自然とできるからです。ただ、正三角形、二等辺三角形など、いろいろな三角形を用意するくらいの工夫はあってもいいと思います。

もちろん、円や四角形を用意してもいいのですが、物をきれいにまるく切り抜くのは手間ですし、ましてやマグネットシートを正確に切るのは難しいでしょうから、無理をする必要はありません。

タングラムの個々のパーツはただの図形に過ぎず、初めて見た子は、どうやって楽しめばいいか、きっとわからないはずです。

最初は大人が一緒に遊んであげて、扱い方を教えてあげるようにしてください。まず、三角形だけを4～5個用意して、いわゆる「キツネ」のかたちをつくってみせてあげましょう。

大人が率先して、楽しそうに取り組んでいる姿を見せるのがポイントです。

「親が楽しそうに取り組んでいること」は、子どもの目にとても魅力的に映るのです。子どもが自ら遊びはじめて、車や飛行機、ヨットなど、自分の好きなかたちをどんどんつくっていくようになれば大成功。「よくできた！」と大げさにほめてあげてください。

ほめるだけでなく、菱形《ひしがた》、正方形、長方形……など、いろいろな種類の図形ができたのを見逃さず、

「これは『正方形』っていうんだよ」

「お雛様《ひなさま》のときに飾る菱餅《ひしもち》に似た、このかたちが『菱形』だよ」

と、ときにはさりげなく子どもに教えてあげましょう。そうやって少しずつ幾何学《きかがく》の知識に触れさせてあげれば、算数好きで図形や立体に強い子に育つかもしれません。

19 歌でドライブを学びの時間に

子どもの優れた聴覚を活かす

我が家では、車に乗る機会も「学びの時間」にしていました。

たとえば10分ほどの送り迎えのあいだを利用して、車内で「ドラえもん九九の歌」「おさかな天国」「日本の川」「国立公園の歌」など、知育を目的とした歌をよく流したものです。

歌、すなわち「音楽」を「流すだけ」というのがポイントです。

子どもは耳に入ったことを何でも覚える「聴覚優位」（第1節参照）**の状態にあるので、わざわざ大人が教えなくても、歌詞を通して語彙をどんどん増やしていきます。**歌であれば、子どもにはわからない単語もメロディにのって流れてくるので、楽しんで聴くことができるでしょう。だからおすすめしたいのです。

大切なのは、九九や地理などの「知識」に触れた、という経験を子どもに積ませてあげること。

聞きかじった知識が後に教えられた内容と結び付くことで、子どもの理解は一気に深まります。そんな深い理解を獲得する「準備」と考えて、始めてみてもいいのではないでしょうか。

親子で言葉を使った遊びを

短時間の送り迎えだけでなく、車で家族旅行に出かけたときや、長距離のドライブも子どもの学びに活かしましょう。たとえ

ば、「しりとり」「古今東西」などの言葉を使うゲームはおすすめです（「しりとり」は説明するまでもないでしょう。「古今東西」は、食べ物・動物・昆虫・花・お菓子の名前・車種など何でもいいのでお題をひとつ決めて、関連する言葉を次々に挙げていくゲームです）。

ルールを変えて何度もチャレンジすると、大人も子どもも飽きずに楽しめます。たとえば、動物の名前だけで「しりとり」をするとか、夏と秋に食べる果物だけで、あるいは、お菓子のうち和菓子だけで「古今東西」をやってみるなど、条件を設けると白熱します。

言葉を使ったゲームには、いろいろなメリットがあります。

- **親が発する言葉を聞いて、子どもが新しい語彙を獲得する**
- **親は、子どもの言葉の力や知識の程度を知ることができる**
- **親子間で楽しくコミュニケーションできる**

などがすぐ思い浮かびますが、それだけではありません。

言葉を使ったゲームで大人に負けた子は、次は何とかして親に勝とうと、身のまわりにある新しい語彙に意識を向けるようになります。すなわち学習意欲がわき、自発的に言葉を身に付けようとしはじめるわけですが、これがいちばん大きなメリットなのです。

コラム

名文の暗唱もおすすめ

ちなみに我が家では、歌や言葉遊びだけでなく、「論語カード」「名文カード」をつくって、短時間のドライブを利用して名文の暗唱もしていました。

これは、A5判の板目紙《いためし》（表が白、裏がグレーの板紙）に読ませたい文章を貼り付けたカードを用意しておき、移動中に親子で唱えるだけの取り組みです。

意味の理解は問わず、名文の美しさを実感してもらえればいい、唱えたなかからいくつか丸暗記してくれれば十分、と思ってやっていましたが、何度もくり返すうちに子どもは漢文をすらすら暗唱するまでになりました。

電車内では読書が進む、なんて経験がある読者もきっといると思いますが、移動中の車内というのは、どうやら学びには絶好のタイミングのようです。だから私は、「移動はチャンス」と保護者にお伝えしています。

第4章

4

子どもの言葉の力を伸ばすには?

漢字を取り入れ良質な日本語に親しませよう

言葉は思考の道具であり、伝達手段でもあります。したがって、言葉の力を高めることは、考える力やコミュニケーション能力を磨くことにつながります。

「自らの国の古典を識《し》らずして、叡智《えいち》ある21世紀の国際人たりえない」とは山下宏一先生（梅島幼稚園初代園長）の言葉ですが、古典を知ることが日本人としての教養であることは言を俟《ま》ちません。だから園では、母語としての日本語教育にひときわ力を入れています。

大切なのは「子どもには難しい」という先入観を捨て、良質な日本語を与えること。価値ある「本物」の言葉をインプットし続ければ、言葉を扱う力は大きく伸びるのです。

20 日本語教育の基本は 読み聞かせ

読み聞かせの目標は絵本を「1日5冊」

日本語教育の第一歩は、なんといっても絵本の「読み聞かせ」です。子どもはお腹のなかにいるときから親の声を聞いています。ですから読み聞かせは生まれてからすぐにでも始めていいし、遅くとも1歳のころから必ず続けることをおすすめします。

園では**「1日5冊、できればそれ以上を目標に読み聞かせを」**と保護者のみなさんに呼びかけています。

〈5冊は多すぎる！〉と感じるかもしれませんが、絵本はページ数が少ないので、試してみると意外にすぐ読めてしまいます。それこそ、目的もなくテレビやインターネットを見ている時間を少し減らせばできるのではないでしょうか。

園児の保護者のなかには、入園前に2000冊の絵本を読み聞かせして、しかも何を読んだか記録につけていた、という方もいたほどですから、無理な話ではありません。

親が絵本を開けば、子どもは自然とそちらに目を向け、耳を傾けはじめるものです。日中の手が空いた時間や、保育園などから帰宅したあとなど、時間を見つけて読んであげてください。さらに、親が一方的に音読するだけでなく、

- **「うさぎさん、かわいいね」などと子どもに話しかけて会話を楽しむ**
- **ところどころ子どもに読んでもらって「上手に読めたね!」とほめる**

など、いろいろな工夫をして楽しんでみましょう。子どもはくり返しが好きなので、気に入った作品は「もう1回読んで!」とねだるかもしれません。そのときは2回読んで「2冊」としてOKです。そうやって夜、最後の1冊を読んでから「おやすみ。いい夢を見なさい」で一日を終えられれば完璧です。

知育だけではない読み聞かせの大切な意義

読み聞かせは、まさしく子育ての「基本」と断言しても、決して言い過ぎではないと私は思っています。

「読み聞かせ」はまたとない親子のスキンシップの時間です。**親の膝の上に座って絵本を読んでもらうこと以上に心地よい経験はありません。ぬくもりのなかで親の声を聞くのは、子どもにとって最も幸せな体験です。**親の声と匂いがしっかり伝わり、情緒も安定するでしょう（声と匂いの大切さについては第2節を参照してください）。

テレビを見たいとき、疲れているとき、自分の時間が欲しいときが、大人にもあるでしょう。でも、もう少しだけ頑張ってみませんか。子どもが寝てしまえば、あとは大人の時間です。そこでテレビを見たって遅すぎることはないでしょう。

親子でゆっくり絵本を楽しめる時間は、実はそんなに長くありません。生まれてから小学校に上がるまでの、せいぜい6～7年といったところではないでしょうか。その短くて貴重な時間を無駄にしてはいけません。ぜひ「読み聞かせ」に使ってほしいものです。

コラム

絵本は「物語」を中心に

子どもに本を与えるときは、ストーリーのある物語を意識的に増やすことをおすすめします。

植物や動物などの図鑑は子どもの興味を広げる絶好のツールですが、ストーリーのある物語には、図鑑にはない「人の想像力を刺激する力」があります。場面に即して情景や登場人物の感情を想像するのは、子どもの脳にとってなにより良い刺激です。

また、物語は後述する音読（第26節参照）や、指さし読み（第27節参照）へとステップアップさせられるので汎用性も高いのです。だから私は、ストーリーのある本を積極的に取り入れるよう、園の保護者におすすめしています。

21

読み聞かせを演出で魅力的に

工夫次第でもっと面白くなる「読み聞かせ」

読み聞かせの時間をとっても、大人が棒読みするだけでは楽しさは半減です。

また、子どもは好みの絵本を何度も何度も「読んで」とねだってくることがよくありますが、以前読んだ本をまた子どもに読んで聞かせるとき、前と同じように反復するだけでは、いかにも芸がありません。

せっかくなら、次に挙げるような工夫をしてみましょう。子どもが反応すると、読んでいる大人も嬉《うれ》しい気持ちになるはずです。そうやって読み聞かせを「大人にとっても楽しい時間」にしていきましょう。

●声色を変えてみる

登場人物ごとに声の高さや抑揚を変えて読んでみましょう。

たとえば『桃太郎』を読み聞かせるとき、おばあさんのセリフはお年寄りらしく、鬼のセリフはいかにも鬼らしく読むのです。

いつも母親が読んでいた本を別の人（父親、あるいはお祖父《じい》ちゃん、お祖母《ばあ》ちゃんなど）が読み聞かせるだけでも、物語の味わいは変わるでしょう。

読み方にバリエーションをつけるだけで、子どもは、

- **「いろいろな読み方がある」とわかる**
- **ストーリーの雰囲気が変わる**
- **文字の読み方や新しい言葉の存在を知る**

どうだ
まいったか！
へへ〜っ
もう悪いことは
いたしません
桃太郎

こういったことに気づき、新しい学びを得られます。ぜひ、俳優や声優になったつもりでトライしてみてください。

●メリハリをつけて読む

次のシーンを聞きたくなるように、あるいはクライマックスが盛り上がるように、工夫して読んでみましょう。

子どもの期待を煽《あお》るのは簡単です。感嘆詞や擬音語、擬態語などを交ぜながら読むだけでも、だいぶ反応が変わるのではないでしょうか。

たとえば『はらぺこあおむし』という絵本は、主人公の青虫が美しい蝶《ちょう》になって終わります。このエンディングをさらさらっと読み流しては、何の面白みもありません。たとえば最後のページをわざとゆっくり開きながら、

「じゃーん！　チョウチョになりました‼」

と感激を込めて読んではどうでしょう。親が楽しそうにすれば、子どももワクワクしてくるものです。そのシナジー（相乗効果）によって、読み聞かせはいっそう面白く知的になります。

●クイズを出してみる

絵本のストーリーをもとに、子どもといろいろ空想してみましょう。

たとえば『3びきのこぶた』を読んだあと「子豚が4匹だったら、4匹目はどんな家を建てただろうね？」と子どもに問いかけて、親子で一緒に考えてみてください。

さらに、

「その4匹目の子豚が建てた家に、狼《おおかみ》が来たらどうすると思う？」

「狼をどうやってやっつけようか？」

と問いかけていきます。

『おおきなかぶ』なら、

「おじいさんの畑には、ほかにどんな野菜が植えられていたと思う？」

「○○ちゃんなら、どんな野菜を植えるかな？」

とか、最後に大きなパンケーキをみんなで食べて終わる『ぐりとぐら』の話なら、

「パンケーキにのせるトッピングは、何がいいと思う？」

といった問いかけも面白いと思います。**親も自分の考えを子どもに話してあげましょう。子どもの口から予想もしなかった答えが飛び出したり、オリジナルのお話が始まったり、親子で盛り上がること請け合いです。**

このクイズで出す〝問題〟については、後出の「どるふぃんアイデアマラソン」（第40節参照）のお題が参考になるかもしれません。

それとなく子どもを試すのもあり

ここまでに挙げたのは、すぐできる演出の一例に過ぎません。

ほかにもたとえば、「子どもに音読してもらう」という楽しみ方もあります。子ども、とくに3歳前ぐらいまでの小さな子は、耳で聞いたことを何でも覚える聴覚優位の特性があり、何度も読み聞かせた本を丸暗記してしまう子はザラにいます。

子どものなかでは、文字と言葉の意味はまだ結び付いていませんが、ともかくも発声すれば、意味の理解は促されます。何度も何度も読んだ絵本については、親が「読んでごらん」と促して音読する機会をつくると、言葉の発達を後押しできるかもしれません。

ある保護者は、「絵本をわざと間違えて読む」という、ちょっと変わった〝アレンジ〟をときどきしていました。

いずみ幼稚園では漢字かな交じりに直した絵本を使っていますが（第25節参照）、家での読み聞かせで、その保護者はわざと漢字を間違えて読むようにしたそうです。

何度も読み聞かせてもらった絵本なので子どもはすぐ間違いに気づき、「それ、○○と読むんじゃない？」と指摘しますが、指摘できるのは言葉が定着している証《あかし》でしょう。

もしかしたら保護者は、うっかり間違えた照れ隠しで「わざと」だと言ったのかもしれませんが、少し手をかければ、こんなふうに読み聞かせで言葉を身に付ける手助けができるのです。

保護者の声

読み聞かせを親子でアレンジ

きょうだい児がいる家庭では、読み聞かせの楽しみ方が増えます。素晴らしい取り組みをしている保護者の話を紹介します。

うちは子どもが2人いますが、読み聞かせは入園前から毎晩していました。いまは上の子が小学5年生、下の子も3年生と大きくなりましたが、それでもまだ、ときどき読み聞かせはやっています。

家では、子ども2人のあいだに私が寝転んで、布団に「川の字」になって読み聞かせをしていました。愉快な本のときは、みんなで大笑いです。毎回違うお話を読むわけではなく、一冊が終わるとまた元に戻って、同じ本をもう一度読んだりもしました。何度も聞かせたお話は、私ではなく子どもに読んでもらうこともありました。子どものほうから「今日は私が読みたい」と言い出して、主人公になりきって読み聞かせてくれたこともあります。

読み聞かせの効果なのか、子どもたちには表現力がついたようです。たとえば絵日記を描くとき、「外は雨が降っていた」と書いて終わりにするのではなく、より細やかな「外を眺めると雨が降っているが、木の下は乾いていて、でも木の外側はぬれていた」といったような表現ができるようになりました。

「読み聞かせは将来につながるので大事」と園の先生に言われたことがありますが、子どもたちが小学生になったいま、その意味がより深くわかったように思います。

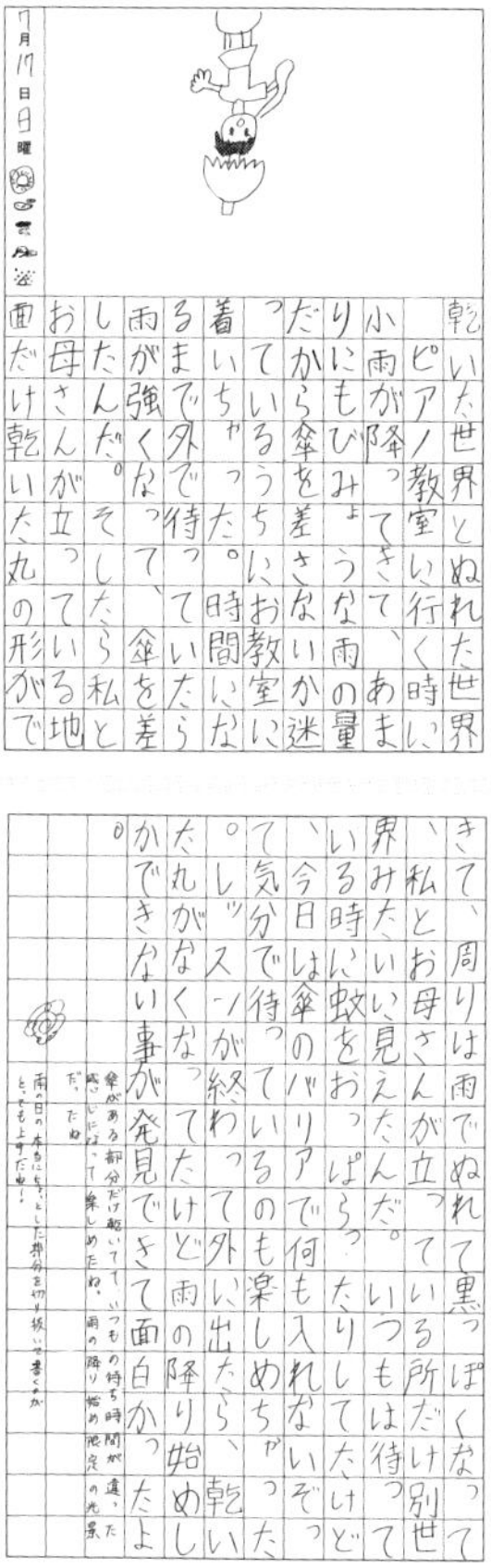

雨の日のことを書いた日記。1ページ末尾から2ページ目にかけての記述が秀逸

（写真：保護者提供）

22

漢字を使って言葉を教えよう

日本漢字教育振興協會

漢字は平仮名より記憶に残る

いずみ幼稚園の国語教育のベースにあるのは、石井勲《いさお》先生（教育学博士）が開発した「石井式漢字教育」で、もう40年以上取り組んでいます。

石井式の特徴は、「平仮名やカタカナより、漢字を先に教える」という点にあります。漢字を「書く」のは無理でも、「読む」「覚える」だけなら子どもには非常に簡単にできるのです。たとえば、

はと

はし

はり

と平仮名で表示されると、パッと見ただけでは区別をつけにくいし、意味も即座には把握しにくいはずです。ところがこれを漢字で書くと、

鳩　橋　針

となり、平仮名で書いたときよりも速やかに読みや意味が頭に浮かびます。**漢字は形状が独特で、平仮名よりも区別がつきやすいため、書けなくても「読み」「意味」は記憶に残りやすいのです。**

しかも、「偏《へん》」や「旁《つくり》」などパーツの組み合わせでできているので、成り立ちがつかめれば子どももパズルを考えるような感覚で楽しんで覚えはじめます。

たとえば、魚偏の字がびっしり書かれた寿司屋の湯呑みに興味津々《しんしん》で見入る子はめずらしくありません。鳩《はと》の字を「旁《つくり》の部分が『く（九）』で『クー』と鳴く、と覚えたらどう？」と教えると、面白がってすぐ記憶して、二度と忘れない子もいます。

すなわち、遊び感覚で触れるなら、漢字はもってこいの文字だということです。

幼児への漢字教育はまさに「適時教育」

また、漢字はそれぞれの文字が固有の意味と音を持つ「**表語文字**」なので、一字覚えれば新しい日本語をひとつ覚えたことになります。

つまり、**子どもが多くの漢字に触れれば、それだけ多くの日本語に触れたことになり、その子の言葉が豊かになるわけです。**組み合わせなければ意味をなさない平仮名では、こうはいきません。

漢字のこのような長所を活《い》かして子どもの国語力を高める教育法が、石井式です。漢字を入り口にして豊かな日本語の世界へ子どもを誘《いざな》う教育法であって、漢字を教え込むのが最終目標ではありません。

石井式の原則は「**読み先習**《せんしゅう》」です。すなわち、意味を理解して書くことより、とにかく見て音読し、読めるようになることを重視します。

だから園では、後述するように日本の古典や優れた文学作品の一節をみんなで音読する「朗誦《ろうしょう》」を、カリキュラムに取り入れています（詳しくは第28節参照）。

人間には「五感」、すなわち視覚・聴覚・嗅覚・味覚・触覚の5つが備わっていますが、このうち視覚は、3歳ごろまでに約7割の子どもが視力1・0程度まで見えるようになります。

子どもが聴覚優位な存在であることは、すでに第1節などで書きました。

音読するとき、子どもは目で漢字を見て、耳から音声で読み方をインプットしていきます。

すなわち、視覚と聴覚という「感覚」を活用して、言葉を身に付けていくわけです。

そのように考えると、音読を中心とした「読み先習」とは、子どもならではの強みを巧みに活かした教育法であり、実に理にかなった言語教育であることがわかります。

漢字で子どもの世界が広がる

もちろん漢字を覚えれば就学後の学習の準備になりますが、漢字教育の意義はそれだけにとどまりません。子どもの認識する世界が大きく広がるのもメリットです。

漢字に触れた子は、街中の標識や看板にも漢字が使われていることに気づき、自ら読もうとするでしょう。それを聞いた大人が驚くと、子どもは得意になり、ますます積極的に漢字を覚えるので、言葉の力がぐんぐん伸びていきます。

こんな好循環が期待できるから、子どもには早くから漢字に触れてもらうべきだと私は考えています。**教え込む必要はありません。できるだけたくさん、頻繁に「触れてもらう」だけでいいのです。**

この後の節では、子どもに漢字に触れてもらうための工夫を紹介していきますが、ぜひひとつでも2つでも取り入れて、子どもに〝漢字のシャワー〟を浴びさせてあげましょう。

保護者の声

漢字教育についての保護者の実感

園のカリキュラムで最もめずらしがられるのが、本節で紹介した漢字教育です。実はこれが保護者のためにもなっている、という声が寄せられました。

漢字を使うという園の方針について「抵抗を感じませんか」と人から尋ねられることもありましたが、私はとくに感じません。上の子が小学校へ進んだとき、名札や名簿の名前がすべて平仮名表記になっていたのですが、それを見たとき、〈平仮名だけだとかえって読みづらいのだ〉と私自身も気づきました。

いずみ幼稚園では、子どもたちの名前が漢字表記され、先生方は子どもをフルネームで呼ぶことになっています。だから子どもたちは、友達の名前をフルネームの漢字表記で記憶して、帰宅するとフルネームで友達のことを教えてくれるのですが、親としては似た名前の友達を混同せずに済むので助かっています。漢字教育も意外なところで役に立つものですね。

23 物の名前を貼って言葉の世界へ導く

子どもの身のまわりを漢字で満たそう

子どもには漢字こそ覚えやすい字であることは、前節で書いたとおりです。だからこそ、先のことを考えると早くから漢字に親しませておくべきなのですが、どうすればいいでしょうか。

私は「家具に漢字を貼り付けておく」ことをおすすめします。やることは簡単で、机には「机」、椅子には「椅子」、時計には「時計」と、家具や調度品の名称を見えるところに貼っておけばいいのです。

子どもが小さい時分には、我が家でも次のようにして実際にやっていました。

❶スマートフォンくらいの大きさの紙を用意する

❷紙に物の名前を書く

たとえば掛け時計なら「時計」とか「掛け時計」と漢字かな交じりで、椅子なら「椅子」と漢字で書きましょう。

❸書いた紙を貼り付けておく

子どもの目につくところであれば、どのように掲出しても構いません。たとえば次ページのイラストのように掛け時計の下に貼る、置き時計の下に挟む、机の上の透明なシート（テーブルマット）に挟み込んでおく……などが考えられます。

これで終わりですが、ポイントを挙げるなら、次のことは念頭に置くといいでしょう。

●使い捨てるつもりでつくる

身近にある素材で手軽につくれる表示にしておきましょう。子どもが表示をはがしてしまうこともあるはずですが、手軽にできるものなら簡単につくり直せます。

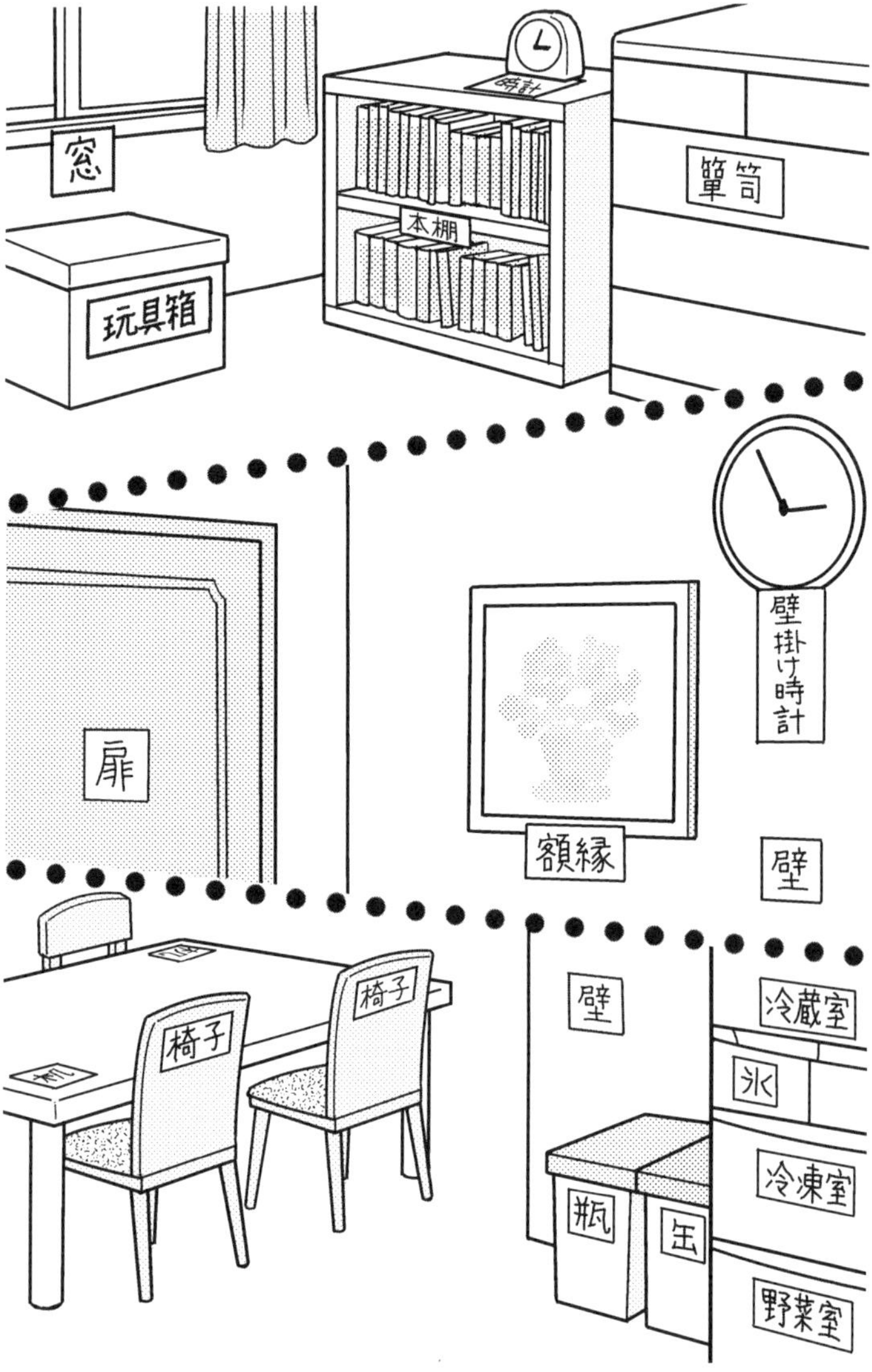
窓
時計
本棚
箪笥
玩具箱
壁掛け時計
扉
額縁
壁
机
椅子
椅子
机
壁
冷蔵室
氷
冷凍室
瓶
缶
野菜室

接着剤やテープの跡が残るのがイヤ、という方は、あらかじめきれいにはがせる粘着剤を使うようにするといいかもしれません。

●意識して漢字を使う

子ども向けだからと、平仮名表記にしては意味がありません。漢字を使って、日常生活で使われる表記方法で記すようにしましょう。たとえば、

- **時計には「時計」と漢字で書きます（実生活で「とけい」とは書かないからです）**
- **壁に掛けるタイプの時計なら、「掛け時計」とできるだけ漢字を使いましょう**
- **ドアに「ドア」、テーブルに「テーブル」と書いて貼るのもありですが、あえて「戸」「扉」「机」などと言い換えると漢字の学習につながります**

●生活に密着したものに貼る

子どもが頻繁に目にする物や場所に貼るのがポイントです。子ども服を収納してある「簞《たん》笥《す》」、子どもが寝る部屋の「扉」「窓」、おもちゃを入れる「玩具箱」などがおすすめです。絵本が置いてある「棚」（あるいは「本棚」）などもいいでしょう。

尋ねられたら必ず答えよう

なお、貼り付けた表示を無理に子どもに読ませる必要はありません。

目に付くところに貼っておけば、いずれ文字を見た子どもが「これなあに？」と尋ねてきます。尋ねないまでも、立ち止まってじっと見ていることがあるかもしれません。そういった機会をとらえて、

「それは『つくえ』と読むんだよ」

と教えてあげるようにしてください。

わざわざ尋ねるということは、子どものなかに文字への「気づき」と「興味」が生まれたということです。興味という内発的な欲求に応じて、複数の感覚（この場合は聴覚と視覚）を通じて教えることで、言葉はより鮮やかに子どもの記憶に残ります。

「問われて↓答える」をくり返しているうちに、やがて子どものほうから、

「これは『いす』だよね」

「『つくえ』って読むんだよね」

と得意げに確認するようになるでしょう。その際にはぜひ大げさに「読めるんだ！　すご

いね！」と、驚いてほめてあげてください。ほめられると子どもは、嬉しくなってもっと読もうとします。この、

「読む↓ほめられる↓読む↓ほめられる↓読む……」

のくり返しで、子どもの言葉の力はぐんぐん伸びていきます。

ちなみに園では備品に表示を貼ったりはしていませんが、子どもの目に入るものには必ず漢字かな交じり表記を使うようにしています。

園児の名前も平仮名ではなく、フルネームの漢字表記です。次ページのコラムを参照してください。

これ「つくえ」って読むんでしょ
えっ読めるの！
すごいね！
机
椅子

コラム

漢字を使った園内の表示の例

クラスの名称

クラス名は花の名前。バラ（薔薇）やタンポポ（蒲公英）など表記が難しいものも漢字にするが、子どもたちは各文字の特徴的な形状を手がかりにすぐ読みを覚える

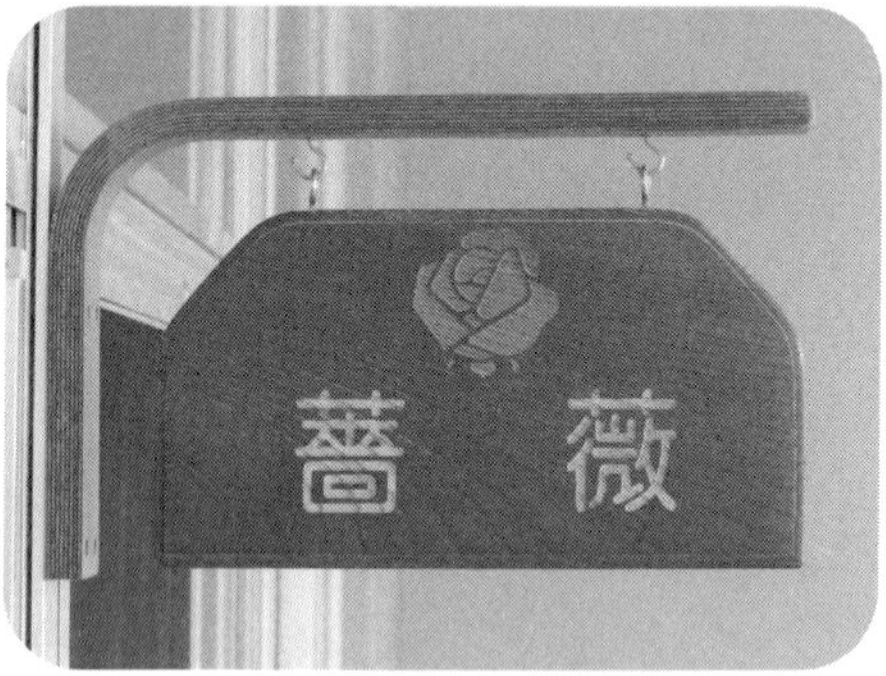

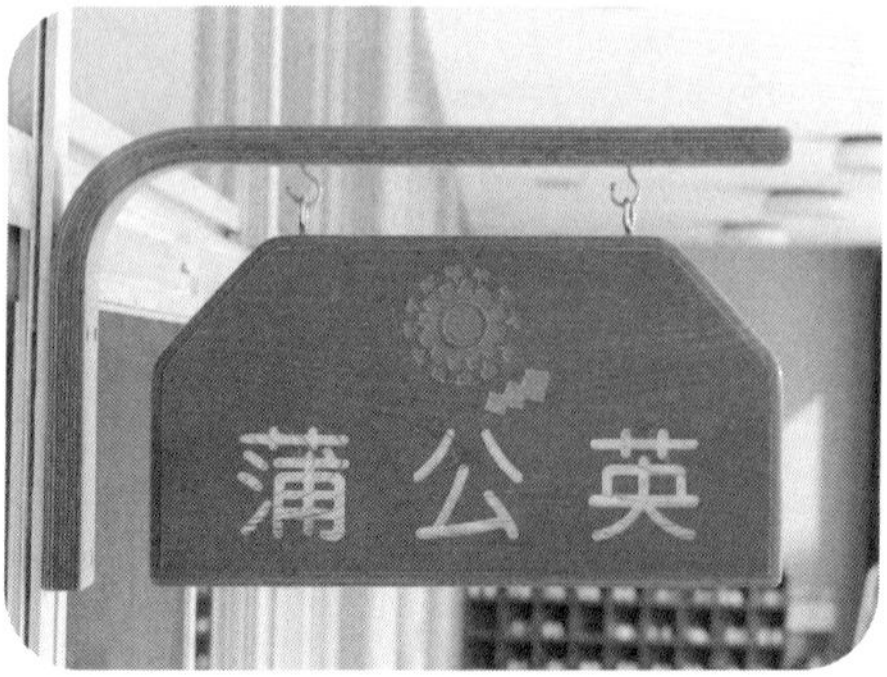

教室の掲示物

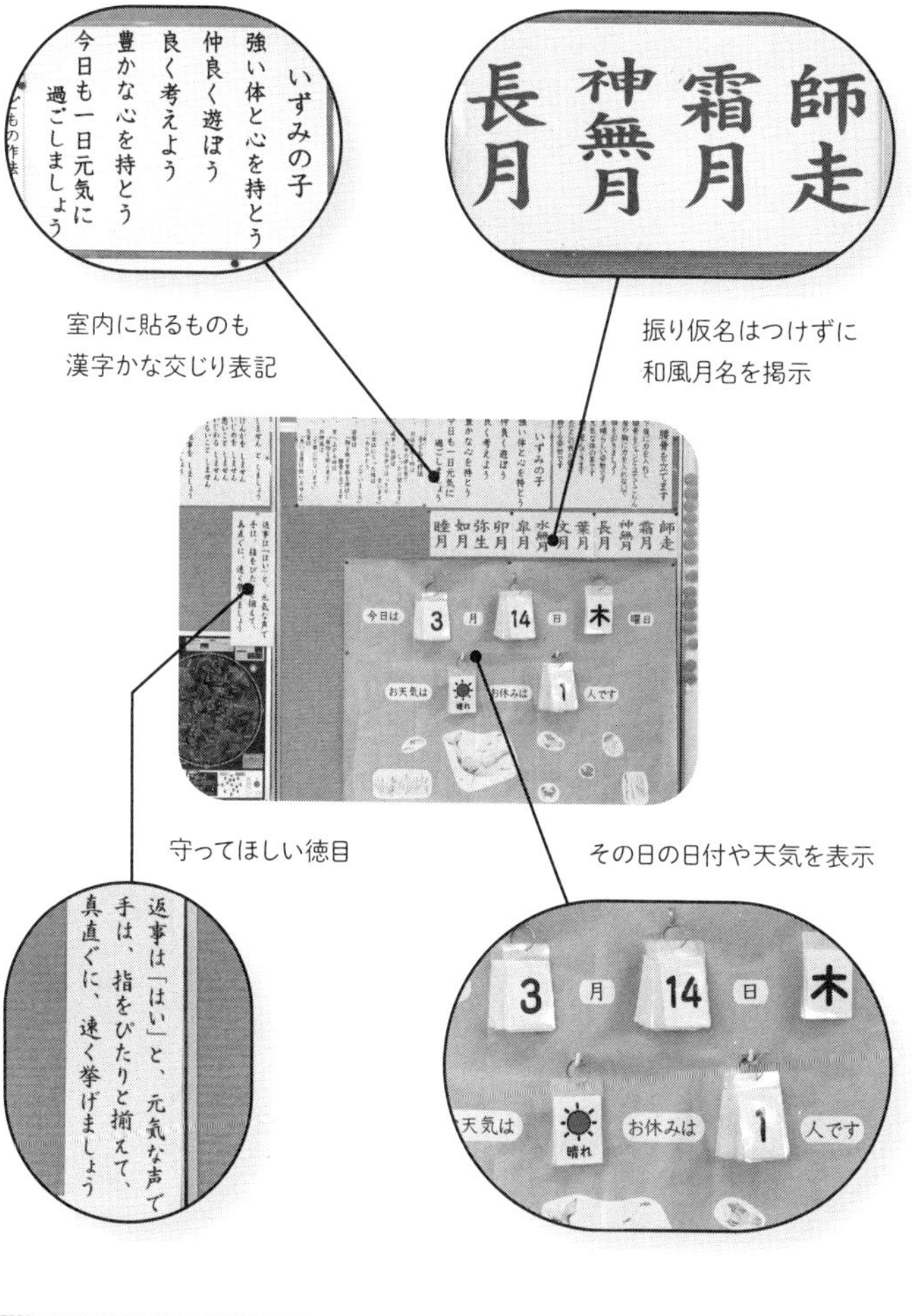
いずみの子
強い体と心を持とう
仲良く遊ぼう
良く考えよう
豊かな心を持とう
今日も一日元気に
過ごしましょう
師走
霜月
神無月
長月
室内に貼るものも
漢字かな交じり表記
振り仮名はつけずに
和風月名を掲示
守ってほしい徳目
その日の日付や天気を表示
返事は「はい」と、元気な声で
手は、指をぴたりと揃えて、
真直ぐに、速く挙げましょう
3 月 14 日 木
天気は 晴れ お休みは 1 人です

24 漢字を使って クイズ を出そう

熟語の読み方を子どもに問う

いずみ幼稚園では毎朝、全員で園庭に集まって朝礼を行います。私が朝礼台に立って挨拶やお話をしますが、そこで週1回、キーワードとなる漢字を見せながら語りかけることで、新しい文字に触れる機会をつくっています。

たとえば、あらかじめ「松茸《まつたけ》」と大書された紙を用意しておきます。そして私が朝礼台に上がり、朝のお話のなかでその紙を広げ、

「このキノコは香りがとてもいいんだけど、すごく高いんです」

と言いながら園児たちに漢字を示します。すると、毎日漢字に触れている園児たちは、ク

イズだと察して元気よく「まつたけ！」と答えるので、

「そうだね！　よく読めた！」

と私がみんなをほめて終わる、という遊びです。実にシンプルですが、クイズのようなこの遊びは、

- **新しい漢字、新しい言葉に触れる**
- **持てる知識を総動員し、ヒントも活かしながら読み方や意味を推理する**

という高度な知的活動の機会になっています。

読めない子がいても、園児のうち誰かが「まつたけ」と正解を出すので、必ず新しい知識を習得できるのもいいところ。

集団のなかで他者との〝学び合い〟が生

まれるのは、多くの子が集う幼稚園ならではのメリットと言えるでしょう。

季節に合った言葉を選ぶ

このクイズは家庭でも簡単にできるので、ぜひ読者にもおすすめします。

準備は簡単で、漢字を手で紙に書くか、パソコンで打ち込んでプリントアウトして、ヒントを考えておくだけで完了です。

最初は漢字1文字から始めて、やがて2文字、3文字の言葉へとステップアップしていきましょう。

どうせなら何か文化的な要素を入れたいので、季節の話題にもとづいたクイズを出

題してあげてください。たとえば、

- **3月　桃　雛祭《ひなまつ》り　雛人形《ひなにんぎょう》**
- **4月　桜　花見　新学期**
- **5月　鯉幟《こいのぼり》　柏餅《かしわもち》　菖蒲湯《しょうぶゆ》**
- **12月　師走　大晦日《おおみそか》**

といった言葉の読みを子どもに問うてみるのはどうでしょうか。

毎日できれば理想的ですが、無理をすることはありません。

雛祭りや端午の節句など、季節のイベントを家庭で祝うついでにクイズを出し、子どもに答えてもらったあと、親がクイズにちなんだ「お話」（たとえば雛人形は何を表しているか、端午の節句にはどんな意味があるか……など）をしてあげるだけで十分です。

親から知らなかったことを教えてもらうのは、子どもにとってはこれ以上なく嬉しいこと。いいコミュニケーションの機会にもなるので、ぜひやってみてください。

25

絵本を漢字かな交じりにして漢字に触れてもらう

読み聞かせでも漢字に触れてもらおう

幼児向けの絵本は、文字がほとんど使われていなかったり、使ってあったとしても、すべて平仮名表記になっていることが多いでしょう。

絵本の読み聞かせは、子どもに文字に触れてもらういい機会です。しかし、平仮名を子どもに眺めさせるだけでは物足りません。ぜひ絵本の平仮名表記を「漢字かな交じり」に直して、家庭でも漢字教育を始めてみてください。

少し手間がかかりますが、絵本の表記を直すには次のような方法があります。

●紙を貼って書き直す

絵本の文字に紙を貼って隠し、上から手書きでセリフを漢字かな交じりに直す方法です。紙が薄い場合は、まずビニールテープを貼り、その上から紙を貼ると透けにくくなります。

また、白いビニールテープを貼って、その上に油性ペンで文字を書くという手もあります。

●シールを活用する

白い無地のシール用紙に文字を印刷し、切り取って貼り付けます。

文字が透けないものを選ぶのがポイントで、園では「エーワン」というメー

文字を書く
（あらかじめ印刷しておいてもよい）

紙かテープを貼って文字を隠す

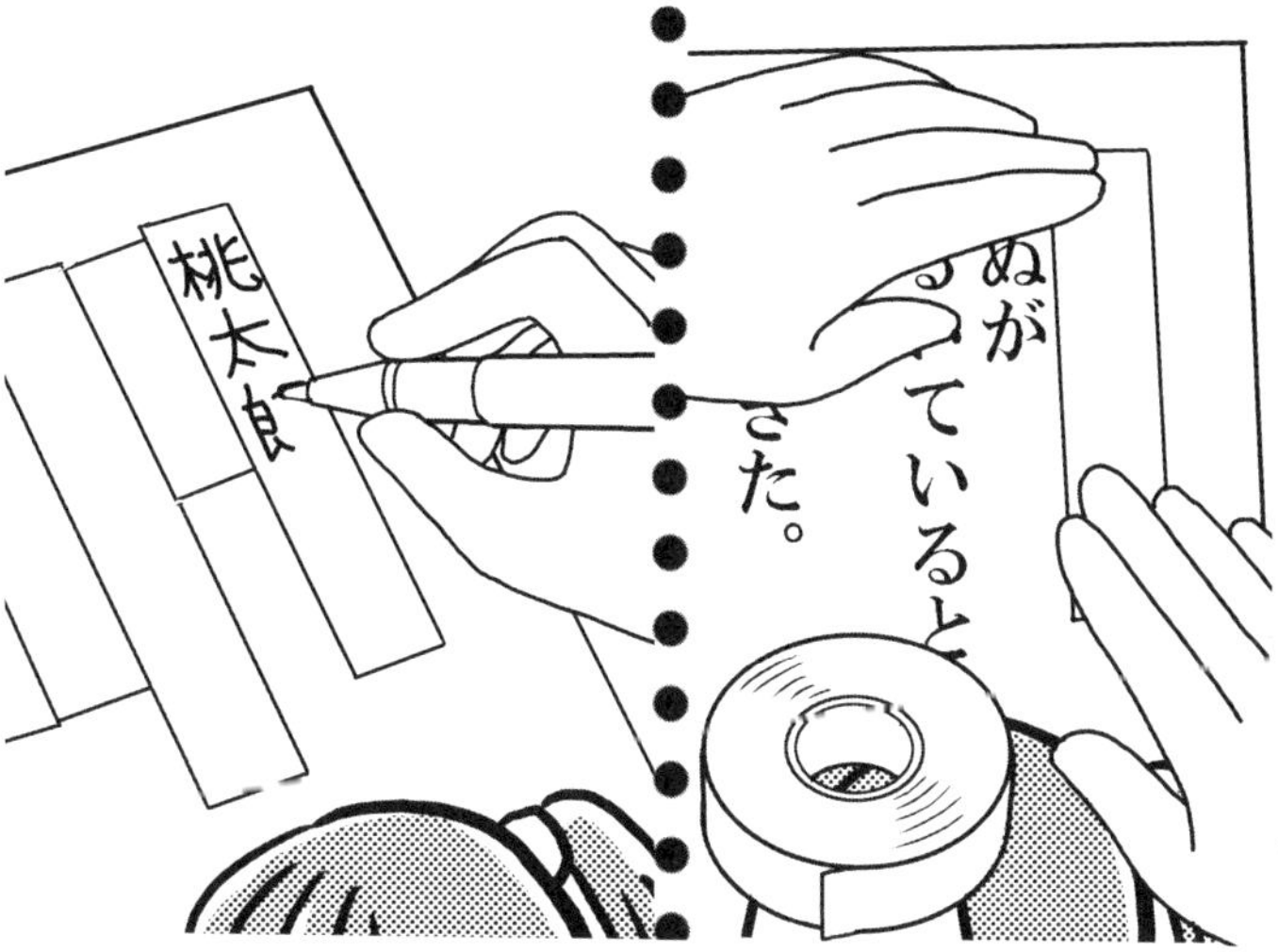

絵本の表記を変える（『桃太郎』を例に）

加工前
ももたろうと
いぬが
あるいていると
きじが
とんできた。
「ももたろうさん
こしにつけた
きびだんご
ひとつ　わたしに
くださいな」

加工後
ももたろうと
いぬが
ると
雉が
飛んできた。
パソコンで文字を入力し
ラベル用紙に印刷して貼
ると楽にできる
「桃太郎さん
腰につけた
きび団子
一つ 私に
くださいな」

カーの宛名ラベル作成用シールを活用しています。

文章の表記を変えるだけでなく、絵本の絵や写真に添え書きするようなかたちで漢字を表示してあげるのもいいでしょう。

たとえばイヌの絵のそばに「犬」と書いて貼る、といったことをするわけですが、そのようにしておくと、1歳、2歳くらいの子にも漢字に触れてもらう機会ができます。

絵に漢字を添えることで、子どもは、

- **「いぬ」という音声**
- **イヌという動物の姿**
- **「犬」という漢字**

の3つの情報を視覚・聴覚から同時に受け取ることになりますが、そんなふうに多くの感覚を通じて脳に情報を入力すると、言葉がイメージとともに鮮明に記憶に残るのでおすすめです。

すべての表記を変える必要はない

表記をひとつひとつ変えるのは大変そうに見えますが、だいたいの絵本はページ数が少ないので、ちょっと頑張ればすぐにできます。

擬音語、擬態語、漢字に直しにくい固有名詞などはそのままで構いませんし、平仮名、カタカナのままにしておくセリフがあってもまったく構いません。**几帳面《きちょうめん》にすべてを漢字に直す必要はないのです。**

ただ、頻繁に目にする物の名称は子どもも覚えやすいので、生活のなかでよく見かける言葉——たとえば、「犬」「猫」「小豆」「大豆」「枝豆」など——くらいは漢字に直してもいいのではないでしょうか。

なかにはページに触れて文字をたどろうとする子も出てきますが、これは「指さし読み」へ子どもを誘うきっかけにもなるでしょう。

指さし読みについては、このあとの第27節で詳しく触れます。

コラム

漢字に触れてもらう方法は他にもたくさんある

絵本の表記を変えるのは、子どもを漢字の世界へ導く手段のひとつにすぎません。私たちの身のまわりには漢字があふれています。その環境を利用して、早めに子どもに漢字というものの存在に気づいてもらうのが最も大切なことです。

たとえば、漢字表記で名字や名前を教える、散歩のときに親子で看板を読む、スーパーのチラシを眺めて漢字を探す、買い物のときに漢字で書かれた商品名を一緒に読む、など、触れてもらう機会や方法はいくらでもつくれます。

子どもは漢字を嫌がりません。2歳の子が、自分の名前の漢字が新聞の見出しのなかで使われているのを発見して、大喜びで親に教えにくるのを見たこともあります。「子どもには理解できないだろう」との思い込みは捨てて、ぜひ漢字教育を試してほしいと思います。

26 音読で子どもの脳を育てよう

脳科学が明らかにした「音読の効果」

子どもの言葉の力を育てるため、園でとくに重視しているのが「声に出して読む」、すなわち「音読」という活動です。いまから40年以上前に実践園を見学し、園児たちの滑舌の良さ、目の輝きに衝撃を受けて、いずみ幼稚園でもすぐ始めました。

始めた当初から経験的に「いい効果がある」とわかってはいましたが、その後、音読が脳を活性化することは科学的にも裏付けられました。

たとえば「脳トレ」で有名な川島隆太先生（東北大学教授）は、大人が「黙読しているとき」「音読しているとき」の、それぞれの脳のはたらき方を画像で比較し、音読していると

郵便はがき

料金受取人払郵便

小石川局承認

1155

差出有効期間
2026年6月30
日まで

112-8731

東京都文京区音羽二丁目
十二番二十一号

講談社第一事業本部企画部
からだとこころ
編集チーム 行

(フリガナ)
ご芳名

男・女（　　歳）

メールアドレス

ご自宅住所 （〒　　　　　　）

ご職業 1 大学院生　2 大学生　3 短大生　4 高校生　5 中学生　6 各種学校生徒
7 教職員　8 公務員　9 会社員(事務系)　10 会社員(技術系)　11 会社役員
12 研究職　13 自由業　14 サービス業　15 商工業　16 自営業　17 農林漁業
18 主婦　19 家事手伝い　20 フリーター　21 その他(　　　　　　)

★今後、講談社から各種ご案内やアンケートのお願いをお送りしてもよろしいでしょうか。ご承諾いただける方は、下の□の中に○をご記入ください。

□ 講談社からの案内を受け取ることを承諾します

TY 000062-2405

愛読者カード

ご購読ありがとうございます。皆様のご意見を今後の企画の参考にさせていただきたいと存じます。ご記入のうえご投函くださいますようお願いいたします（切手は不要です）。

お買い上げいただいた本のタイトル

●本書をご購入いただいた動機をお聞かせください。

●本書についてのご意見・ご感想をお聞かせください。

●今後の書籍の出版で、どのような企画をお望みでしょうか。
興味のある分野と著者について、具体的にお聞かせください。

●本書は何でお知りになりましたか。
1. 新聞（　　　　）　2. 雑誌（　　　　）　3. 書店で見て
4. 書評を見て　　5. 人にすすめられて　　6. その他

きに思考、記憶、言語理解に関わる脳の「前頭前野」が最も活発になることを明らかにしました。

この結果から川島先生は、**子どもの脳を健全に育むためには「読み・書き・計算」を少しずつでもいいから毎日やって、脳の前頭前野を活性化させるのがいい**と説いています（『川島隆太の　自分の脳を自分で育てる朝5分の音読・単純計算』講談社）。

川島先生は、中日新聞のインタビュー（2006年7月14日の夕刊に掲載）で、英語論文を読むときには音読して意味をつかんでいると語っていましたが、ここからも音読が脳のはたらきを活発にしていることがうかがえます。

少しでいいから声に出して読ませる

もちろん、黙読が悪いわけではありませんが、ここまで明確に「脳に良い」ことがわかっている以上、音読を家庭で取り入れないのは損というものです。

たとえば、絵本の読み聞かせの時間を利用して導入してはどうでしょうか。大人が子どもに一方的に「読んであげる」だけでなく、子どもに、

これは「う・さ・ぎ」と読むんだよ
言ってごらん
う・さ・ぎ
うさぎとかめ
じゃあお父さんの真似して読んでみて
「昔々あるところに」
むかしむかしあるところに
うさぎと
「それならあそこの山まで競走しよう」

「読んでごらん。できるかな？」

と声をかけて、音読させてみるわけです。すでに何度か読んであげた絵本を使って、2〜3歳のころから始めてもいいのではないでしょうか。

最初は、

「これは『う・さ・ぎ』と読むんだよ」

などと、ていねいに少しずつ読み方を教えておきます。そして次の読み聞かせのときに、今度は親が1行読み聞かせたあと、子どもにも同じ1行を音読してもらう、といった具合に根気よく取り組んでみましょう。

その後は親子で声を合わせてゆっくり音読したり、次節で紹介する「指さし読み」を試したりして、少しずつ「声に出して読む」ことに慣れてもらい、最後に「朗誦」（第28節参照）へとステップアップしていければ理想的です。

27

文字の学習が一気に進む 指さし読み

指さしで文字の「音」と「表記」が結び付く

子どもの暗記能力は侮《あなど》れません。短い絵本のストーリーをすぐに覚えて、すらすら「読む」ようになる子もいます。

しかし、「読む」ことができていても、発声している「音」と、ページに印刷された「文字」が子どものなかでは結び付いていなかった、というケースが往々にしてあるので注意してください。その状態のまま、漫然と音読を続けても意義は薄いので、園では音読とともに「指さし読み」を保護者にすすめています。

「指さし読み」とは、文字を指で1字1字たどりながら音読することです。

「指さし読み」では、写真のように読む箇所を指と目で追いながら、大きな声で１字ずつ音読していく

いま読んでいる文字を指でたどることで、文字と音の結び付きが直感的にハッキリと理解できるのが特長です。

ポイントは、必ず子ども自身に指で文字を追ってもらうこと。親が文字を指さしても、効果は期待できません。

また、子どもが何度も読んでストーリーを覚えている作品を選べば確実にできるようになります。内容がわかっていれば、読めない文字があってもつまずかずに読み続けられるからです。

0〜2歳くらいの子には、大人が手を取ってあげて、一緒に指で文字を追いながら、親子で声を合わせて絵本をゆっくり音読しましょう。

そんなふうにして何度も読んでいると、早い子は3歳から、自分で文字をなぞりながら音読できるようになります。

絵本の内容にもよりますが、3歳を過ぎても指さし読みで大人の手伝いを必要とする子もいます。ですが、焦る必要はまったくありません。

肝心なのは進歩の速度ではなく、子どもに「文字を追って読んでいる」という自覚があるかどうかです。

大人のペースでササッと読み進めてしまっては、せっかく指さし読みをしても台なしになってしまいます。その子のペースで一字ずつ、ゆっくり読み進めればOKです。

漢字教育にも向いている「指さし読み」

幼い子にそんなことができるのか……と言われそうですが、園で絵本を音読するときは、ひとりの先生が30人を超える園児たちと毎回指さし読みをしています。

見ていると、読んでいる行を見失う子もいるのですが、次のページへと移るときに、「はい、次のページ」

と先生が声をかけ、一斉にページをめくってまた読みはじめるので、置いてきぼりになることがありません。このように、集団で音読しても**脱落者が出にくいのが、指さし読みのいいところです。**

もちろん、平仮名表記の絵本で「指さし読み」を行ってもいいのですが、やっぱり私は「漢字かな交じり」に直した物語絵本の音読をおすすめします。漢字の「形状」「読み」だけでなく、ストーリーの流れのなかで、漢字の「意味」までもが子どもに伝わるからです。

絵本の表記については第25節で、音読については第26節ですでに書きましたが、このようにそれぞれの方法を統合することで、楽しく効率的に言葉の力を高めることができます。

28

良質な日本語が身に付く 朗誦

美しい日本語は子どもをも魅了する

いずみ幼稚園では、大きな声で元気よく文章を音読する「朗誦《ろうしょう》」を行っています。朗誦で大切にしているのは文章の選択で、日本や中国の古典、あるいは近代文学の名作のなかから「名文」と呼ばれるものを選ぶのが園の方針です。その例は巻末の資料で紹介しますが、さしあたりタイトルだけあげておくと、

・いろは歌（「いろはにほへと……」で始まる作者不詳の古歌）

・『竹取物語』から、かぐや姫の生い立ち部分
・『奥の細道』の「面八句《おもてはっく》」まで
・落語『寿限無《じゅげむ》』の一節
・『平家物語』の冒頭部分（祇園精舎《ぎおんしょうじゃ》……で始まる冒頭の一節）
・福澤諭吉『学問ノススメ』の冒頭部分を原文で

これらの作品のなかから毎月ひとつ選び、その一部（数行〜十数行ほど）を大人と一緒に一日1回、声に出して読み上げるだけの活動で、もちろん最初は大人が読み方を教えます。

『論語』も園児に朗誦してもらいますが、左のような白文に近いものを見て発声します。


子曰．君子不レ器．

子曰．徳不レ孤。必有レ鄰．

（子曰《しいわ》く、君子《くんし》は器《うつわ》ならず。有徳者は器ではない。そのはたらきは広く自由である
子曰《しいわ》く、徳《とく》は孤《こ》ならず。必ず鄰《となり》あり。有徳者は孤立しない。必ず仲間ができる）

すごく難しそうに感じるでしょう。でも、朗誦で意味の理解は問いません。

たとえば読み聞かせるときは、読んでいる内容を子どもに理解してもらう必要があります。

園ではホワイトボードに貼った文を先生と一緒に読む。『論語』のほか漢詩なども朗誦するが、意味の理解は問われないので、くり返せばどの子もできるようになる

しかし朗誦は、とりあえず大きな声で間違えずに唱えられればOKです。だから、どんな子でもとにかく反復練習さえすれば、必ずできるようになります。

朗誦の目的は2つあります。

ひとつは声に出すことです。

第26節で「音読が脳を活性化させる」と書きましたが、意味がわからなくても、とりあえず声に出して読めば脳が活性化することが川島隆太先生の研究から明らかになっています。

そしてもうひとつ、**声に出すこと以上に大切な目的が、「美しい日本語に触れてもらう」ということです**。単なる「音」としてでもいいので、朗誦を通じてとにかく子どもに良質な日本語を蓄えてもらいたいのです。

何百年も読み継がれてきた古典の文章には心地よいリズムや響きがあり、その語感のよさは子どもにもわかります。実際、何度も朗誦をくり返すなかで「平家物語が好き！」と言って丸暗記してしまう子を、私は何人も目にしてきました。

そして、朗誦は準備学習としても役立ちます。早くから名文に触れておけば、就学後、古文、漢文、歴史の学習などに抵抗なく入っていけるでしょう。

大切なのは「美しい日本語」に触れてもらうこと

もっとも、準備学習は朗誦の〝副産物〟のようなものに過ぎません。

何度も声に出して親しんだ「美しい日本語」の響きは血肉となり、子どもの感性を磨きあげます。そこにこそ、朗誦の真の意義があります。以前、卒園児の親から、こんな内容の手紙をいただきました。

「くり返し音読していたあの和歌を、旅先で不意に子どもが口ずさんだので驚きました」

家族旅行に出かけた折に見た風景が、偶然にも百人一首に詠まれたものだったそうです。

気づいた子どもが歌を諳《そら》んじてみせたそうですが、その姿に感動して思わず筆を執った、と書かれていました。

子どもの感性を豊かにするうえで、朗誦以上にいい方法はなかなかありません。だからこそ私は、昔ながらの名文の朗誦を強くおすすめするのです。

どのように朗誦を導入するか

しかし、いざ朗誦に取り組もうとしても、何を・どんな順番で子どもに与えればいいかわからない、という方が多いでしょう。

たとえば齋藤孝先生（明治大学教授）の著書『声に出して読みたい日本語』（草思社文庫）シリーズは音源も販売されているので、まずはそれを子どもに何度も聞いてもらい、なじんでもらうところから始めるといいかもしれません。

また、園で使っている教材をもとに制作した一般向け書籍『国語に強くなる音読ドリル』（致知出版社）も参考にしてもらえればと思います。

実際に朗誦に入るときは、まずオノマトペ（擬音語・擬態語）やリフレイン（くり返し）

の多い作品から始めることをおすすめしています。

子どもはくり返しが好きで、音の響きがよく、リズム感があるものを好みます。そのような特徴がある文章のなかから短くて読みやすいものを選び、長い名文へと段階的に進めていくのがポイントです。

たとえば園では、ある年は次のように朗誦のレパートリーを組みました。一部だけとなりますが紹介します。

●年少（3歳）

春の七草、十二支、「こだまでせうか」「私と小鳥と鈴と」（ともに金子みすゞの詩）

鈴と
小鳥と
それから
私
みんなちがって
みんないい
すてきな
詩だね～
金子みすゞ
詩集
金子みすゞ詩集

●**年中（4歳）**

「竹取物語」の一部、「雨ニモ負ケズ」（宮澤賢治の詩）、「ややこしや」（現代狂言）、「奥の細道」（松尾芭蕉《まつおばしょう》）

●**年長（5歳）**

「枕草子《まくらのそうし》」（清少納言）、「寿限無」（落語）、「徒然草《つれづれぐさ》」（兼好法師《けんこうほうし》）、「蜘蛛《くも》の糸」（芥川龍之介《あくたがわりゅうのすけ》の短編）の、それぞれ一部分

インターネットで入手できる文章もたくさんあります。親子で挑戦してみてください。やってみるとわかりますが、大人も意外に楽しめるものです。

一緒に読めば親子の絆も深まる

親子で取り組む朗誦には、いろいろな良い効果が期待できます。

たとえば先に紹介した明治大学の齋藤先生は次のようなことを述べています（わかりやす

く要約して引用します）。

「子どもと一緒に朗誦すると、大人のリズムや思考が子どもにサッと伝わって、読んでいる文の意味が呑《の》み込《こ》めるようになる感じがある」

さらに、親子で素読《そどく》を行うと大人と子どもの脳が同期して（つまり、脳活動の波長のタイミングが合って）連帯感が強まり、コミュニケーション能力が育つと川島隆太先生は予測しています（川島隆太、齋藤孝『素読のすすめ』より）。

すなわち、朗誦によっていつしか文章の意味も理解でき、親子仲がよくなる。「子どものコミュニケーション力も向上する。さらに教室で行えば、子ども同士の仲もよくなる。そういった効果が期待できるというわけです。

朗誦は江戸時代の寺子屋でも行われていたそうですが、その意味では伝統に裏付けられた教育法だとも言えるでしょう。

作品によって読み方を変えると味わいも変わります。声の出し方、間《ま》やリズムを工夫して、ぜひ親子で挑戦してみてください。

29 フラッシュカードで語彙を増やす

0歳からでも始められる教育法

フラッシュカードとは、文字や絵が描かれた教材カードです。そのカードを一瞬だけ見て、描かれている内容を言葉で答えるクイズのような活動をしますが、集中する習慣を子どもにつけさせるにはもってこいのツールです。

目の前にカードを提示されたら誰でも、それこそ赤ん坊であっても、つい見てしまうでしょう。**カードは注意を惹《ひ》きつけやすいのです。さらにカードが音声付きで次々とめくられていったら、もう目が離せません。この現象を上手《うま》く利用して子どもに学びを深めてもらうのが、フラッシュカードのねらいです。**

園では年齢別に次のようなカードを使っていますが、家でもできることなので、参考にしてぜひ家庭でも我が子に試してみてください。

●0～3歳の子に

子どもが好みそうな、生活に密着したテーマの事柄をカードにします。園では「動物」「植物」「野菜」などを題材にカードを手作りしています。一例として野菜のカードを下に掲載しました。

手の込んだ難しいカードにする必要はありません。たとえば果物のカードを用意するなら、表に果物の名前を、裏にその写真を貼る程度で十分。写真はインターネット

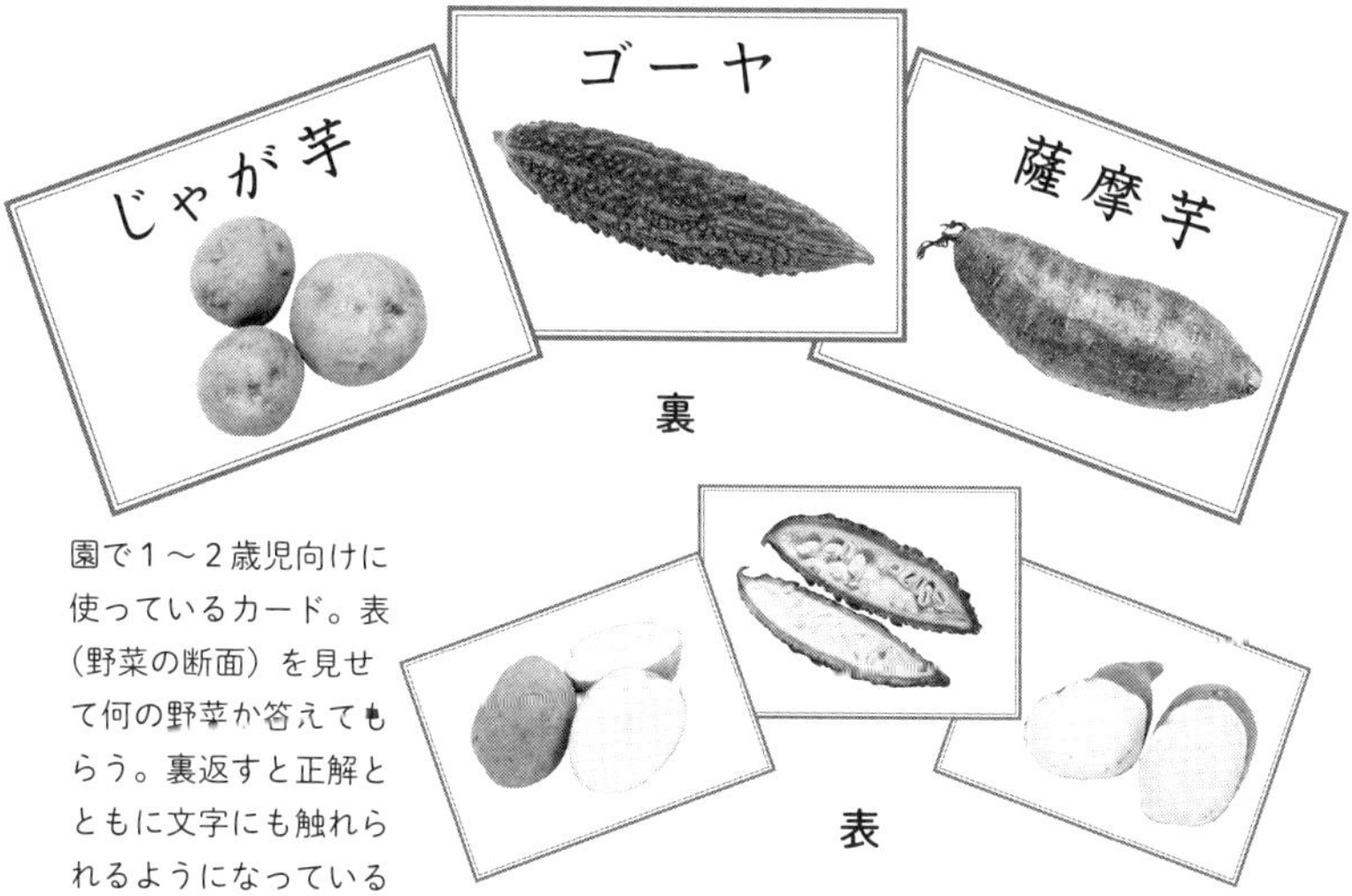

園で１～２歳児向けに使っているカード。表（野菜の断面）を見せて何の野菜か答えてもらう。裏返すと正解とともに文字にも触れられるようになっている

上のフリー素材でいいでしょう。ただ30枚くらいは準備しておきたいところです。

遊ぶときはたとえば、子どもに果物の名前を見せて読んでもらい、裏面の写真を見て親子で正解を確認します。そして次のカードを示して名前を読んでもらい、裏面を見て確認……というふうに、「次々とカードを提示する→答える」というクイズを毎日します。

言うまでもないでしょうがこの遊び方は一例で、好きにアレンジして構いません。

●子どもが絵本に親しむようになったら

絵本と「連動」したフラッシュカードを作成します。

園では漢字かな交じり表記に直した絵本を使っていますが（第25節参照）、まず絵本の表記を漢字かな交じりにあらためたうえで、次のようにカードを用意します。

なお、ここでは童話『北風と太陽』を例に説明します。この絵本は、北風と太陽が旅人のコートを脱がせようと競い合い、最後は太陽が勝つというお話ですが、このストーリーを利用して、次のように進めます。

❶キーワードを抜き書きしてカードをつくる

「旅人」「北風」「太陽」など、作品のキーワードをなるべく漢字表記でカードにしていきます。できるだけたくさん抜き出し、パソコンで入力してプリントし、Ａ４用紙を４分の１サイズくらいにした紙に貼り付けるといいでしょう。

❷まずは親が読み聞かせ

ストーリーを語りながら、旅人が登場したら「旅人」のカードを、北風が登場したら「北風」のカードを、太陽の登場シーンでは「太陽」のカードを見せる、といった具合に、ストーリー展開に合わせて次々とカードを子どもに提示します。

こうすると、絵本の絵、耳から聞く親の言葉、漢字の表記が、ひとつの流れに乗って子どもの脳に届くので、ストーリーと言葉への理解が深まります。

❸子どもにカードを選んでもらう

❷を何度かやってみて、子どもが文字を覚えてきたら、今度はカードを子どもの目の前に並べます。そして、大人が『北風と太陽』を音読するのに合わせて、カードをピックアップしてもらいます。

たとえば旅人が登場したら「旅人」のカードを、北風が登場したら「北風」のカードを選んでもらい、これを読み終わるまで続けます。正しいカードを選べたら、その子がちゃんと文字を覚えたと判断していいでしょう。

ちなみに園では、園児2人にホワイトボードの前に立ってもらい、先生の音読に合わせてカードを選んで貼り付けてもらう、というかたちでこのゲームを行っています（カードの裏にはマグネットを貼り付けて、ホワイトボードにくっつくようにしてあるのです）。

❹絵本から離れてカードだけを使う

『北風と太陽』以外の絵本でも❶〜❸をやると、カードが何枚もできるはずです。カードがたまったら絵本から離れ、カードだけを集めてフラッシュカードを行います。漢字を子どもに次々と見せて、「たびと！」「きたかぜ！」「たいよう！」などとテンポよく次々と答えてもらいましょう。

この段階では、たいていの子が言葉とともに漢字の形状まで覚えています。

以上のやり方をあらためてまとめると、次のページのイラストのようになります。

絵本からフラッシュカードへ

❶ カードをつくる

キーワードを抜き書きして
カードを作成

❷ 親が読み聞かせ

絵本を読みながら
カードを見せる

❸ カードを選んでもらう

読み聞かせに合わせて
選んでもらう

❹ カードだけを使う

絵本から離れて
フラッシュカードを行う

カードを増やすとより面白くなる

家庭でやるのであれば、我が子に合わせていろいろな応用ができます。

たとえば子どもが数に興味を持ったなら、数字でフラッシュカードをつくるのもいいでしょう。「1」「2」「3」「4」……と数字が一字ずつ書かれたカードを用意しておき、

まずは親子で一緒に、順番に数字を読んでいく

⬅

数字カードをランダムに重ねておき、出てきた数字をどんどん言ってもらう

⬅

「カードに書かれた数字に1足して言う」など、簡単な計算を取り入れて遊ぶ

といった具合に、徐々に本格的な算数へと発展させていく手もあります。

日本語については、絵本と連動させるだけでなく、

- 四字熟語（質実剛健、大同小異、意気軒高昴……など）
- ことわざ
- 短い名文（論語の一節、俳句、和歌など）

のカードを用意してもいいでしょう。

もちろん手作りが理想ですが、難しければ市販品もあります。インターネットの通販サイトで検索してみてください。

なお、最近はタブレットで表示する電子版のフラッシュカードもあるようですが、私としては、今のところ紙カードのほうをおすすめします。

紙カードは、たとえば下のイラストのように「一部だけ見せる」「見せる速度を変える」など、子どもの反応に応じていろいろな見せ方の調整が簡単にできるます。

一方、電子版のカードに紙と同等の教育効果が見込めるかどうかはわかりません。現在のところは手作りもしやすい紙カードがベストです。

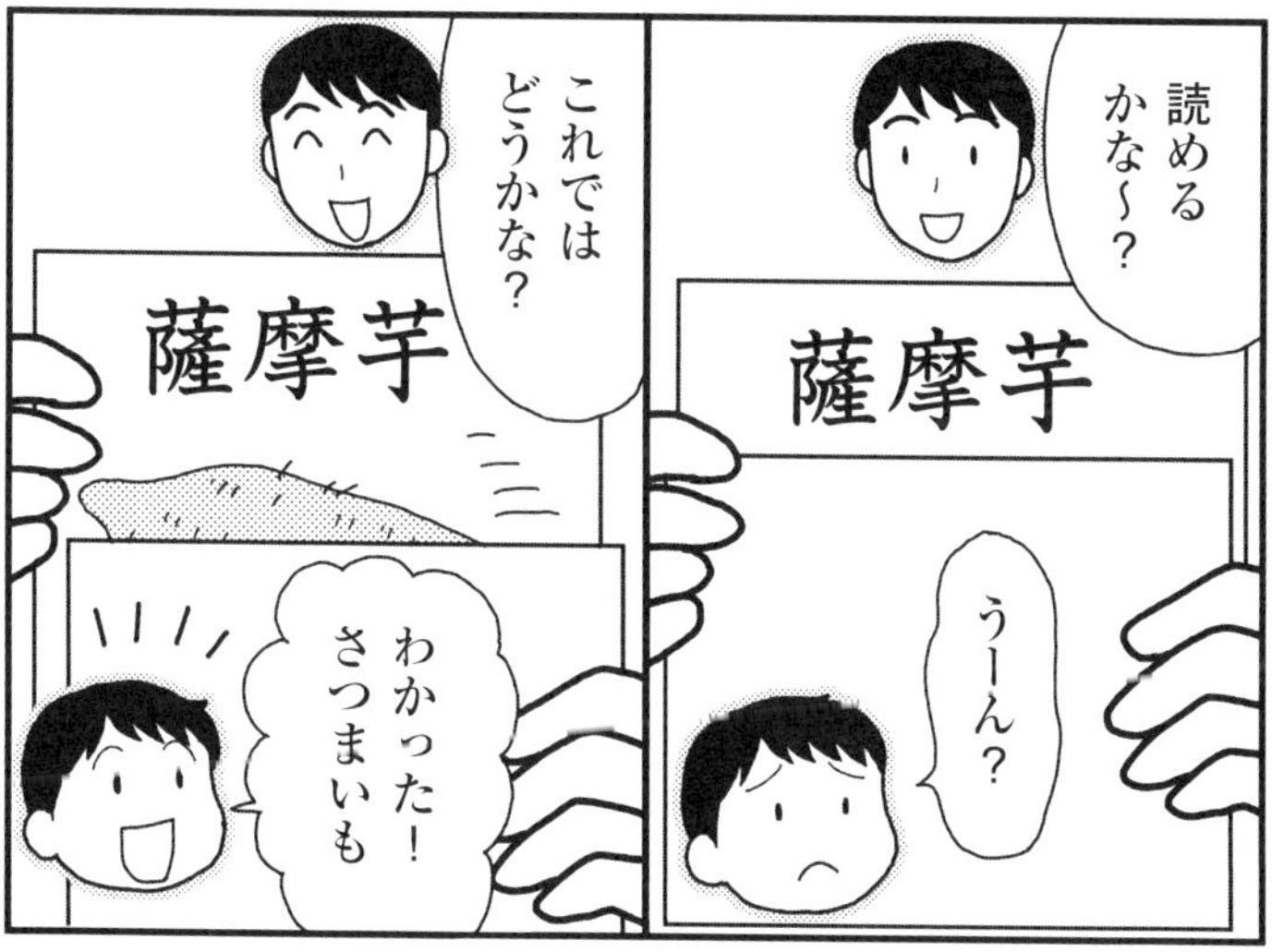

カードは素早くめくる

フラッシュカードのポイントは、スピーディにカードをめくっていくことです。〈よく見ていないと見逃す！〉というゲームのような緊張感が子どもを集中させます。

　最初はゆっくりでもいいのですが、めくる速度が遅すぎると子どもの集中力が続きません。めくっている大人が「ちょっと速いかも」と感じるペースで子どもに見せていくこと、そして短時間、毎日続けること、この2つがポイントです。

　園では多種多様なフラッシュカードを用意していますが、先生たちがものすごい速さで次々とカードを替え、園児もどんどん答えるので、驚かれることがよくあります。

フラッシュカードのめくり方

重ねたカードの最初の一枚は白紙にしておくのがポイント。まず名前を呼ぶなどして子どもを注目させ、2枚目から子どもに答えてもらう

まず子どもに呼びかける

「春日《しゅんじつ》遅々《ちち》！」

園に参観に来た保護者から、

「カードに何が書いてあるか、私にはさっぱりわかりませんでした」

という感想をいただくことも稀ではありません。

しかし、大人にはわからなくても、フラッシュカードを毎日やっていれば子どもたちはちゃんと正解するようになりますし、書かれている内容も記憶していきます。

もちろん、意味を理解しているとは限らないわけですが、それで構いません。まずは触れること、それが最も大切です。

ただ愚直にくり返せば、読んで覚えるだけですから、どの子も必ずできるようになるのです。

「秋霜烈日《しゅうそうれつじつ》！」

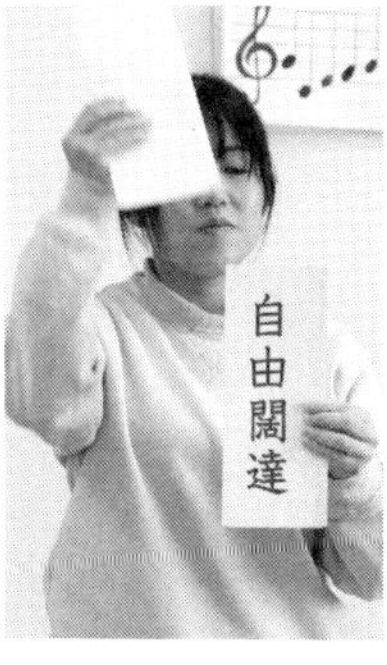

「自由闊達《じゆうかったつ》！」

「杓子定規《しゃくしじょうぎ》！」

コラム

カードで出欠確認

いずみ幼稚園では、園児の出欠確認にも、次のようにカードを使っています。

①各クラスの園児の名前を書いたカードを用意する（フルネームを漢字で表記）。

②カードは無作為に並べて重ねておく。登園した園児がそろったら、先生が名前の書いてあるカードをめくる。

③名前のカードが出た園児は手を挙げて「はい！」と返事をし、自分の名前を言う。

カードは毎日ランダムに並べ替えられるので、園児が呼ばれる順番は毎日変わります。いつ自分の名前を呼ばれるかわからないので子どもたちは自然と集中し、その状態で毎日クラスメートの名前を聞くので、すぐ友達の名前を覚えて仲良くなります。

もちろん、漢字の学習も進みます。しかも、ただ文字に触れて記憶するのみならず、

高橋――髙橋

渡辺――渡邊――渡邉

など、読みが同じなのに字形が違う、といった細かな差異にすら気づくようになり、漢字への興味が深まっていきます。

さらに発展型として、あらかじめ「今月のテーマ」を設定して好きな果物や動物などを発表してもらったりもします。そのようにして、友達の発言を聞いていろいろなものを知るきっかけや、自分の考えを発表する自己表現の機会をつくっているわけです。

平仮名で書かれた名前を五十音順に読み上げるだけでは、このような学びや気づきはまず起こりません。なかなかいいアイデアだと思うのですが、いかがでしょうか。

30

おてがみで書く楽しみを教える

いつ「書く」を学んでもらえばいいか

文字が読めるようになった子には、「書く」ことも教えたいと考えはじめるのが親というものです。では、子どもに書字を教えるのはいつからがいいでしょうか。

最良のタイミングは、「子どもが字を書くことに興味を示したとき」です。

まずは子どもが2～3歳くらいのころから、五十音表を家のなかの目につく場所に貼って、子どもが文字に気づき、興味を抱くような環境を整えるのが第一歩です。

そして子どもが五十音表を見て平仮名を「描き」はじめたら、余計な口出しはせずに見守ってあげましょう。間違っても、大人が「書きなさい！」と無理強いしてはいけません。このあたりのことは第3章で詳しく書きました（第15節参照）。

逃さずに活かしてほしいのは、子どもが自発的に「書きたい！」と言い出したときで、それこそまさに、書字にチャレンジする絶好のチャンスです。

余計な指導はせず「見守る」のが基本

「手紙」というものの存在を知ると、子どもは自分も書きたいと思うことが多いようです。実際、園では園児が大好きな先生に「おてがみ」を渡したり、仲のいい子同士で「おてがみ」のやり取りをしたりしていて、それを見た子が「自分も書きたい！」と言い出すことがめずらしくありません。それ以外にも、

- **年末に自分から「友達に年賀状を送りたい！」と言う子**
- **祖父母から手紙（あるいは年賀状）をもらって、「自分で返事を書く！」と言う子**

などの話をよく耳にします。せっかく子どもが意欲的になっているのですから、ぜひ後押ししてあげましょう。子どもが手紙を書くそばで、親が一字一字教えてあげる必要はありません。五十音表を活用してください。壁に貼ってあるなら文字を指さして、

「『せんせい』の『せ』は、これだよ。書いてみよう」

と、文字を書き写すように子どもを促します。手元に置いて参照できる大きさの五十音表を子どもに与えたり、机や卓袱台《ちゃぶだい》に透明なテーブルマットを敷き、そこに挟み込んでおいて、すぐ見られるようにしたりするのもいいでしょう。

ポイントは、子どもが参照できるものを用意しておくこと。そして、どこを参照すればいいか気づかせてあげて、自分で文字を探し、書き写せるようにしておくことです。

大人がよかれと思ってする指導は、ともすれば子どもの「やる気」「興味」を挫《くじ》いてしまいます。あくまでも本人の意欲と本人のペースで書き進められるよう環境だけを整えて見守りながら、必要な援助や手助けだけをするのが上策です。

上手く書けないときどう教えるか

とはいえ、子どもがどうしても書けず行き詰まって困っているときや、「どう書くの？」などと尋ねてきたときは手助けしてあげてください。

あらかじめメモ用紙とペンを用意しておき、たとえば子どもから、

「カタツムリの『む』がわからない！」

「『はしる』って、どう書くの？」

と問われたら、**メモ用紙に**[**む**]**、あるいは**[**走る**]**と大きめに書き、「こう書くんだよ」と子どもに渡して書き写してもらいましょう。**左のマンガのようにするわけです。

子どものそばにピッタリついて、書く様子をじっと見ているわけにはいかない、という忙

しい親も多いはずです。ですから先回りして教えたり、代筆してあげる必要はありません。お手本を示し、子どもに自分で書いてもらえば十分です。ただ写すだけであっても、子どもが主体となって書いたほうが学びは深まります。

親子で取り組み、あとで「ほめる」のが大事

最後は、たとえ書いたものが文章の体をなしていなくても「よくできた！」と子どもをほめてあげましょう。正しく書けたかどうかなど、二の次でいいのです。

「書く」というのは、子どもにとってはとても難しいことです。にもかかわらず果敢にチャレンジしたこと、それ自体を高く高く評価してあげてください。

ほめられて「字を書く＝楽しいこと」と子どもが認識すれば、あとは親が何も言わなくても、自発的に書くようになります。そして書き続けていれば、書字は間違いなく上達します。**教えるよりも、モチベーションに火をつけることが大事なのです。**

以上、あれこれと説明を重ねてきましたが、とはいえ、「子どもが書きたがるのを待ってなんていられない。何か教えたい」

「うちの子は、書くことへの興味が薄いみたいで心配」

という読者がいるかもしれません。

であれば、子どもをちょっと誘ってみてはいかがでしょうか。子どもが手紙やプレゼント、あるいはお年玉などをもらったら、その機会を逃さず「返事を書こう」「○○くんも、お手紙を書いてみようか」と声をかけ、短くていいので親子で一緒に礼状を書くのはどうでしょう。

「返信する」という習慣があることをまだ知らない子もいるので、大人のほうからはたらきかけるのは重要です。

あるいは、大人が書いた手紙の最後に、1～2行、子どもに何か書いてもらうとい

う手もあります。親子で書く経験を積み重ねれば、やがて子どもは文字を書くことを楽しむようになるでしょう。

子どもが嫌がらないのであれば、平仮名や運筆のドリルをやってみる、というのも悪くありません。

やる気に火をつける「マルのつけ方」

「読み先習」を推進するいずみ幼稚園でも、書字の教育は行っています。

年少では直線や曲線を描いて運筆を練習し、おもに年中以降で平仮名を書く練習へ移行していますが、市販のドリルを使い、薄く印刷された線や文字をなぞるなどオーソドックスな練習をしているだけで、特別なことは何もやっていません。

ただし、子どもが練習したあとのマルのつけ方にはちょっとだけ工夫をしています。上手に書けた文字を円で囲い、周囲に花びらを書いて花マルにする、というルールでマルつけをしているのです。

文字に重ねるようにマルをつけてしまうと、せっかくきれいに書けた文字が隠れてしまいます。

どの文字が「きれい」かわかるように、また、子どもがあとから見返してお手本にできるように、文字を隠さないマルをつけるのです。

こうしておくと、書き方が雑なときに花マルがついた字を子どもに示して、

「これと同じように書けるよう、もうちょっとがんばろうね」

と励ますこともできるので、おすすめします。

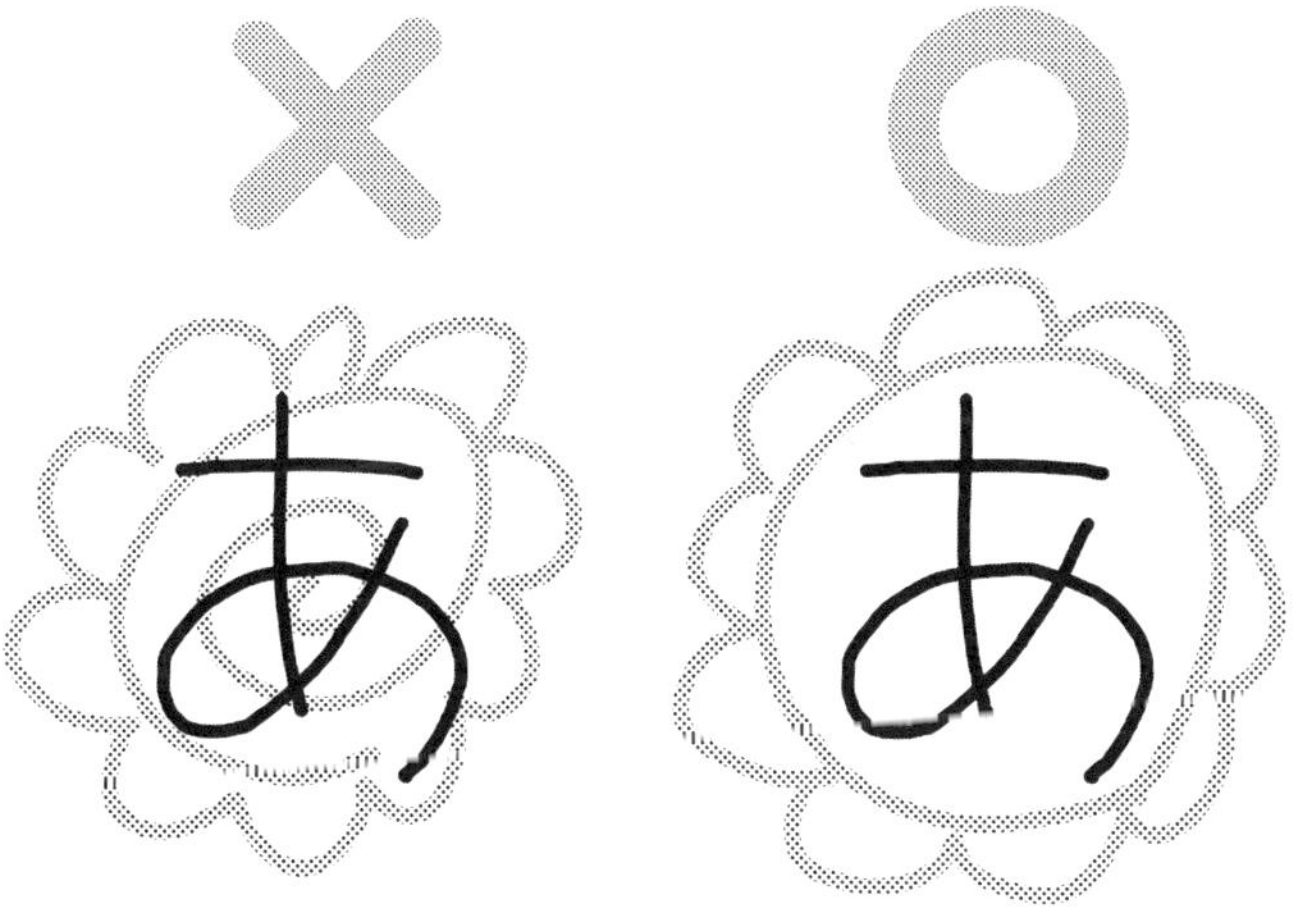

左のようにマルをつけると、せっかく上手に書けた字が隠れてしまう

保護者の声

大人が指導しないことの意義

本文では「大人が余計な指導をする必要はない」と書きましたが、これは言い換えると「子どもに気を遣って答えを与えなくてもいい」ということです。先回りして教えないことで、子どもの探求力を伸ばすねらいも、もちろんあります。この方針に共感してくださっている卒園児の保護者の声を紹介しましょう。

「最初から答えを与えることはしない」という園の教育方針は、私にはとても参考になりました。大人が何でも教えてしまうと、子どもは物をしっかり観察したり、〈なぜだろう〉と考えたりすることをやめてしまうと思うのです。

うちの子は小学2年生の夏に、ピアニスト・反田恭平《そりたきょうへい》さんの自伝『終止符のない人生』（幻冬舎）を読んで、読書感想文を書きました。学校からの推薦図書ではなく、私が自分用に買ったのを見つけて読みはじめたのです。

小2の子にとって、漢字がたくさん使われているのに振り仮名はほとんどな

い大人向けの本を読むのは大変なチャレンジですが、私は読み方を教えたりせず、子ども用の国語辞典を買い与えて、

「わからない単語やその読み方は、これを使って調べなさい。どうしてもわからなければヒントだけあげる」

と言い、辞典の引き方だけ教えました。するとあとはひとりで読破できたのです。園で経験した指導と、そこで培《つちか》った国語力のおかげでしょうね。

ちなみに、普段の会話のなかでも、子どもに辞書を使うよう促すことがあります。

たとえば、今日の出来事やテストの感想を尋ねても、子どもは「楽しかった」「難しかった」くらいしか答えないことが多いですよね。そこで子ども用の類語辞典を買い与えて、子どもの答えが「嬉しかった」など一語で終わるときに、「どう嬉しかったの？『嬉しい』は使わないで教えて」と促して、いろいろな言葉を使わせるようにしています。

31

子どもに日記をすすめよう

2〜3行書くだけでも意義がある

文字を書くのが好きな子には、5〜6歳ごろから日記を書くようにすすめてみましょう。鉛筆とノートを用意すれば、今日からでも始められます。

ノートは、絵を描く欄がある「絵日記帳」を選んでください。子どもには小さな字を書くのは難しいので、大きめのマス目で区切られたノートを選んでおくことも大切です。

いざ日記を書くときは、子どもに絵から描いてもらうといいでしょう。

たとえば旅行の思い出を残すなら、まず旅先で撮影したスナップ写真を子どもに見せてから、好きな場面を絵にしてもらいます。

最初に絵を描くことで子どものなかに「楽しかったこと」「驚いたこと」などが次々とよみがえってきます。

すると表現したいという気持ちが高まり、そこに自然と言葉が結び付いて、「○○が楽しかった」のような文章が出てきやすくなるのです。

とはいえ、どんなに詳細に思い出しても、幼児に本格的な日記など書けるはずもありません。

大きな文字で「○○がだいすき」「××にまたいきたい」といった内容を2〜3行書いて、ちょっとした絵まで添えられたら「花マル！」ということでいいのではないでしょうか。

単語や文法に誤りがあっても、いちいち指摘する必要はないでしょう。「挑戦した時点で素晴らしい」という姿勢で見守って、できあがったら手放しでほめてあげてください。

親の務めは日記に「おへんじ」を書くこと

大切なのは、子どもの日記に大人が必ず「おへんじ」を添え書きしてあげることです。子どもはいつでも、大人の、とくに親からのリアクションを求めています。

書かれた内容には親がちゃんと目を通し、手書きでコメントを書き残しましょう。「自分の頑張りに親が好意的に反応してくれた」という事実は子どもにとってこれ以上ない喜びで、子どもはいっそう、書くことに楽しさを感じるようになります。

ノートに書かれた親の言葉はいつまでも残り、あとで見返して楽しむこともできるし、なにより蓄積されれば家族にとっていい記念にもなります。

子どもの日記は判読困難なことが多く、誤字・脱字も目立つはずです。「え」と「へ」の使い分けができていなかったり、「ま」のように、最後を丸く書く平仮名が鏡文字になったり……なんてこともあるでしょう。

とくによく書けた日記を「ベスト賞」に選び、タグ付けして顕彰する工夫をしている保護者もいる。写真は「育み教室」に通う子の日記帳（写真：保護者提供）

くり返し間違える文字には、大人が正しい書き方をさりげなく添え書きして教えてあげてください。何度も間違える単語があるなら、そこだけ穏やかに介入して、

「本当は○○と書くんだよ」

と正しい書き方を示してあげましょう。

ですが、同じ言い回しを何度も使ったり、特定の人物のことばかり書く場合は介入は控え、見守ってあげてください。

子どもは、身に付けたことや自分にできることを反復して技能を習得し、自己効力感（自分にもできるという感覚）を高めていきます。くり返しは特性であり「いいこと」ですから、無理にテーマを変えさせたりする必要はないのです。

いずみ幼稚園での日記教育は

〈幼稚園児に日記なんか書けるはずがない〉と思った読者もいることでしょう。確かに、園児にとっては難しめのチャレンジなので、いずみ幼稚園のカリキュラムには組み込んでいません。それでも「アイデアマラソン」（第39〜40節参照）を取り入れて、毎日「書く」機会は設けています。

また、卒園児を対象とする「育み教室」では、ただ日記をつけてもらうだけでなく、ときには「お題にもとづいて書く」「意識的に文体を変化させる」などの条件をつけてその日の出来事を書いてもらうことで、考えて書く力を伸ばす後押しをしています。

就学した兄・姉の真似《まね》をして、弟や妹が日記を書くようになったという話は園の保護者からよく聞きますし、私の子も幼稚園に通っている時分から日記を書いていました。

幼稚園児が日記を書くのは不可能なことではありません。筆記用具さえあれば、いつでも・どこでも、毎日できてとてもいい学びになるので、書字に意欲的な子には、ぜひすすめてみてください。

幼稚園児の日記

写真：いずれも保護者提供

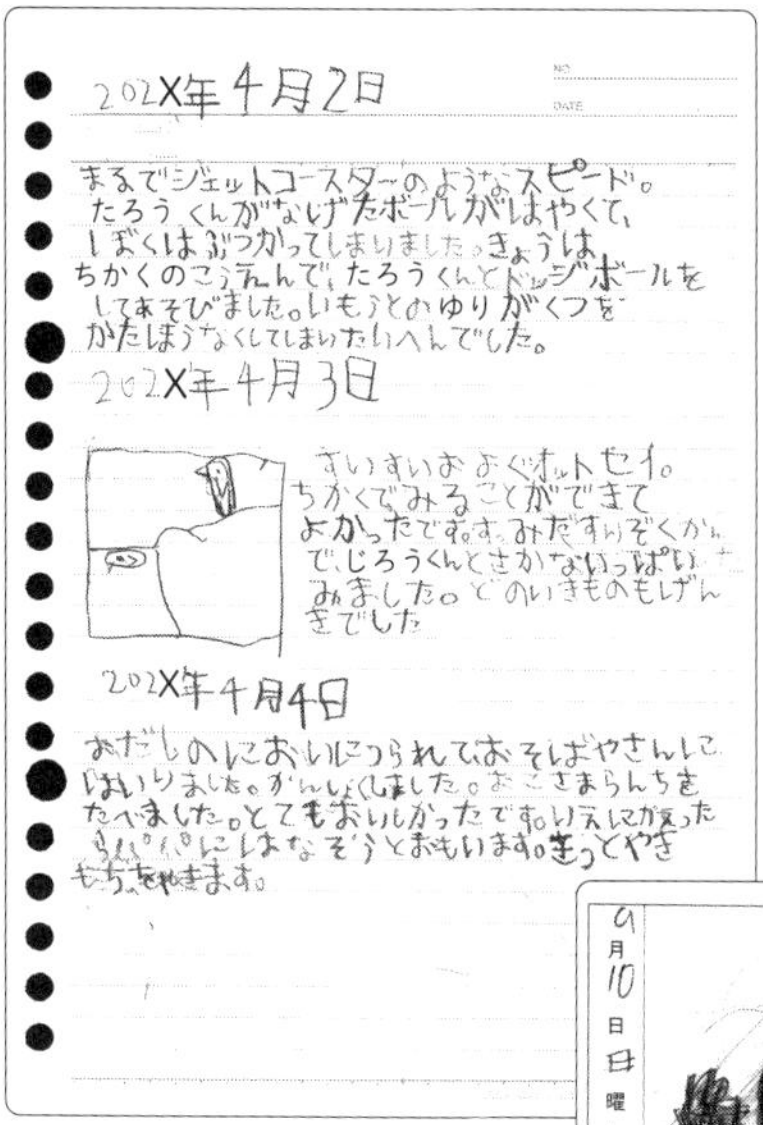

年長の子の日記。余ったルーズリーフに平仮名だけで書かれている。「おだしのにおいにつられて」「きっとやきもちをやきます」など、なかなかの表現力

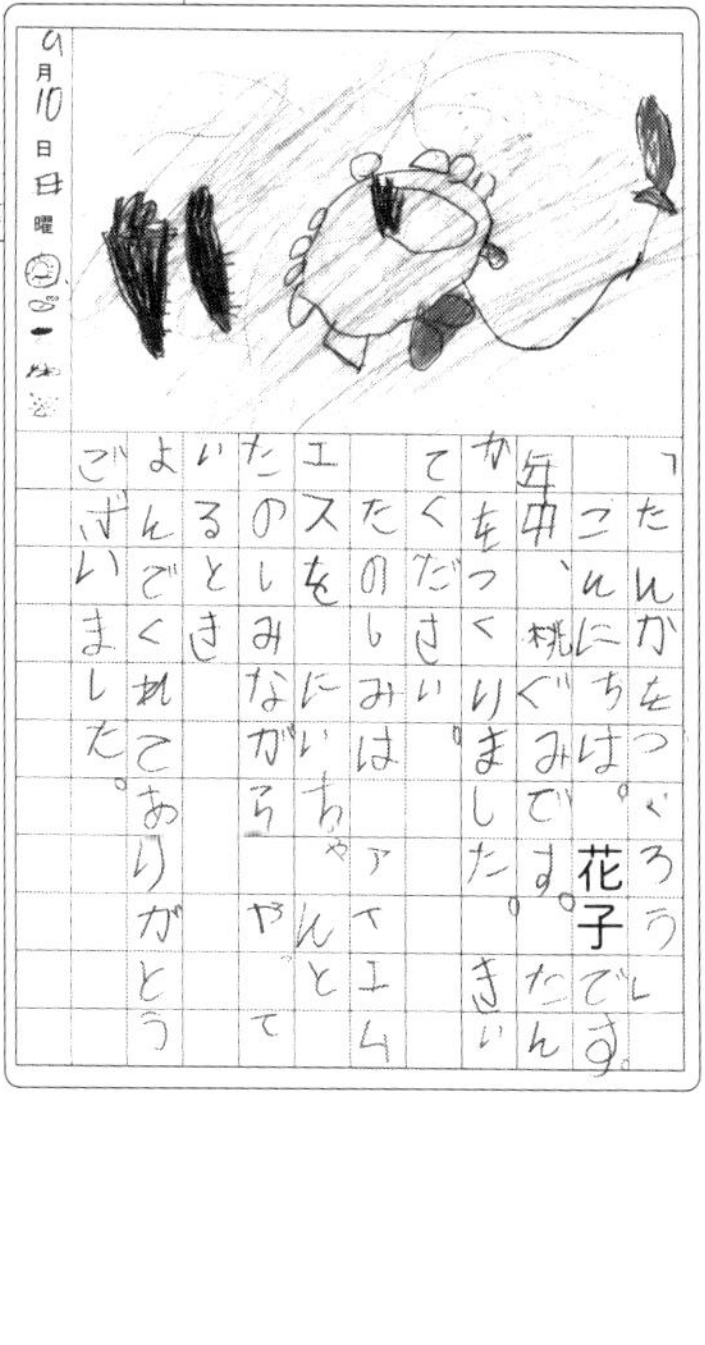

小学生の兄の影響を受けて年中の妹が書いた日記。兄の日記帳の余ったページを切り取って使っている。調子がいい日は2ページにわたって書くこともある。なお、文中の「アイエムエス」とは、第5章で紹介するアイデアマラソンを指す

32 カルタで遊びながら知識を増やす

なぜ「カルタ」をすすめるか

カルタは、楽しみながら日本語の力を伸ばせる最良の教材です。

- **目で札を見て、読み上げる声を耳で聞き、手を伸ばして取ることで多くの感覚を活かせる**
- **何回くり返しても面白く、やればやるほど上達するのでなお楽しい**

という、こんな好循環が生まれるゲームは、ほかになかなかありません。

親子で絶対にやってほしい遊びですが、せっかく買うなら、日本の文化や古典文学を活かしたカルタを選びましょう。

俳句のカルタもいいですし、ことわざを使ったカルタもおすすめです。

ことわざは語呂がよくて覚えやすく、また「犬も歩けば棒にあたる」「蛙《かえる》の子は蛙」など、なじみのある動物や事物が登場するので、子どもでも内容をイメージしやすいという特長があります。

また、ことわざは生活の知恵でもあります。覚えたときには意味がわからなくても、いずれ実体験と結び付いて、〈あっ、こういう意味だったんだ！〉と腑《ふ》に落ちたり、役に立ったりする日がきっと訪れます。

体育でお手本を見せようとした先生が失敗したときに園児が「猿も木から落ちるだね～」と、実に的確にことわざを使ってみせた、なんて微笑《ほほえ》ましい出来事も実際にありました。

百人一首もいいでしょう。すべての文字にフリガナが振られていたり、20枚だけを使って短時間で遊べるように工夫された百人一首も市販されています。

ちなみに園で愛用しているのは石井勲先生が監修した「諺《ことわざ》漢字かるた」「俳句漢字かるた」「小倉百人一首」（子供教育出版より発売）で、園児は必ずひとり1セット持っています。

表記が漢字かな交じりで、絵など余計な要素がなく、フラッシュカードとしても使えるので重宝しています。

最初は札6枚から始める

子どもが2歳になったら、ことわざのカルタから始めるのが、私のおすすめです。

といっても対象が幼児ですから、いきなり何十枚も札を使って遊ぶのは、やめておいたほうがいいかもしれません。

最初は子どもがひとりで札を取る練習から始めるほうがいいでしょう。たとえば園ではひとり1セットカルタを用意し、次のように段階的に導入しています。

❶カルタのなかから6枚選んでおき、札を見ながら大人と一緒に読む

❷6枚並べて、子どもひとりで実際にカルタ取りをしてみる

❸6枚のうち4枚残して、2枚を新しい札に替えて、またカルタ取りをする

❹再び2枚だけ別の札と取り替えて、6枚でカルタ取りをする

❺人数・枚数を増やして、数人で10枚の札を取る

❻さらに札の数を増やす

このように段階的に進めていくと、未就園児でも1年ほどで50枚の札を並べて集団で「カルタ取り」ができるようになります。さらに年齢が上がるにつれて、

カルタで遊ぶ

❶

まず札を読む

カルタのなかから6枚選んでおき、札を見ながら大人と一緒に読む

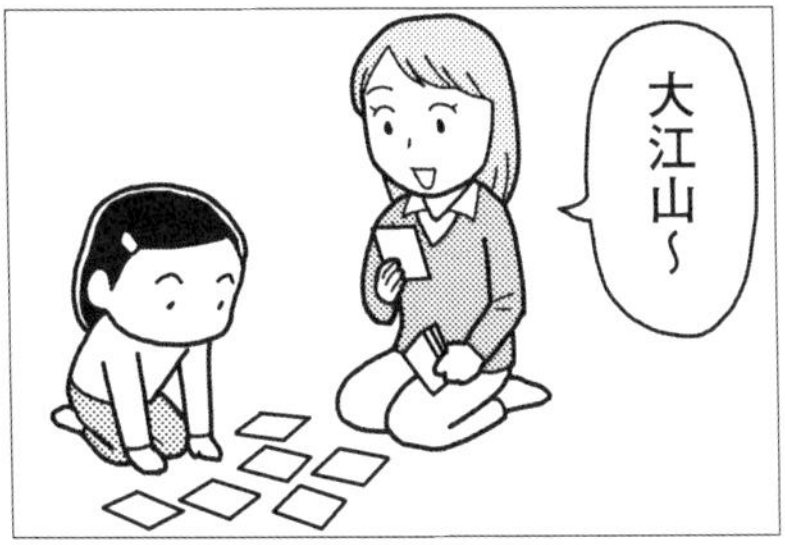

❷

6枚でカルタ取り

6枚の札を並べて、実際にカルタ取りをしてみる

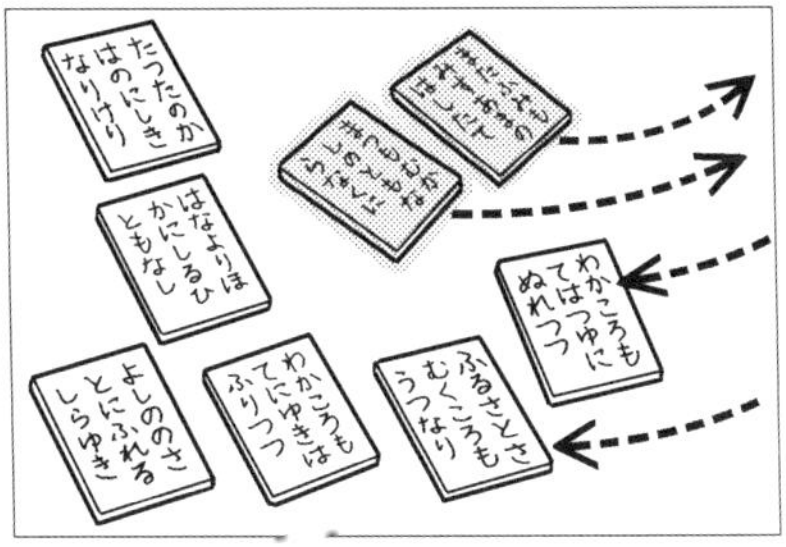

❸

2枚取り替える

6枚のうち4枚残して、2枚を新しい札に替えて、またカルタ取りをする

カルタで遊ぶ（つづき）

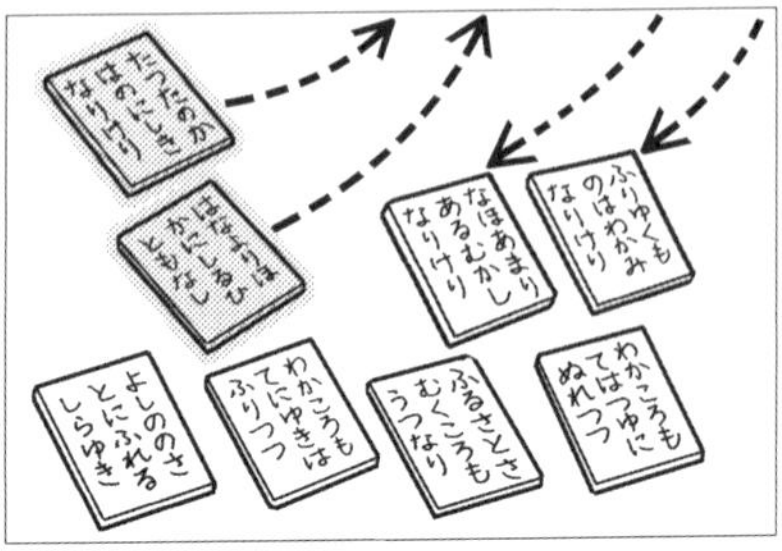

❹

別の2枚と替える

慣れてきたらまた４枚残して別の２枚と取り替えてカルタ取りをする

❺

札の枚数を増やす

人数・枚数を増やして、数人で10枚の札でカルタ取りをする

❻

さらに札を追加する

取り札の数を増やし、数人で15枚の札を使ってカルタ取りをする

●年少……ことわざのカルタ
●年中……俳句のカルタ
●年長……百人一首

という順でステップアップしていけば、幼稚園児でも百人一首を楽しめるようになるのです（ただし、いずみ幼稚園で使うのは50枚だけです）。

ことわざ、俳句、百人一首、どの「カルタ」でも、導入するときは前に紹介した❶〜❻を同じ手順でくり返します。すなわち百人一首なら、子どもの目の前に6枚だけ取り札を並べておき、先生が読み札を読み、園児が6枚のなかから取る……というところから始めます。

目的は言葉を脳にインプットすること

子どもが和歌や俳句、ことわざに興味を持つことなどないだろう、とか、子どもには難しすぎる、というのは、大人の思い込みに過ぎません。園には、カルタで遊んでいるうちに、ことわざを身に付けて正しく使えるようになった子がたくさんいます。

百人一首をくり返していると、子どもたちそれぞれに「得意札」「好きな札」ができるの

は興味深い現象です。たとえば、

淡路《あはぢ》島　かよふ千鳥の　鳴く声に　幾夜《いくよ》寝覚めぬ　須磨《すま》の関守《せきもり》

（淡路島から渡ってくる千鳥の鳴き声で、須磨の関所の番人は幾晩目覚めさせられたことだろう）

という源兼昌《かねまさ》の歌は、「幾夜寝覚めぬ　須磨の関守」のところの漢字が角ばっていて覚えやすいので多くの園児の人気札です。「覚えやすいから」という理由であっても、好きな歌や詩があるのは素敵なことです。

「紫式部が好き」という子もいます。これはきっと、紫式部が詠んだ和歌の響きやリズムが好き、という意味でしょうが、いま風に言えば「推し」ということになるでしょうか。

子どもはくり返し耳にする言葉を丸暗記しているだけなのですが、その暗記に大きな意味があると私は思っています。

子どもの脳にインプットされた大量の言葉は、やがてあふれだし、日記や作文のなかで使われるようになります。そのうち体験と結び付いて意味がわかり、一生役に立つ知識として定着します。だから、できるだけ早い時期から「カルタ」で、多くの言葉に親しませてあげたいのです。

最後にひとつだけアドバイスを。

家庭で「カルタ」で遊ぶとなると、親・きょうだいなど、年齢差のある人が子どもと競うことになるはずです。すると、年上のほうが有利になり、負け続けた子どもがカルタ嫌いになったりしますが、それではちょっとかわいそうです。たとえば、

- **札の枚数を減らして遊ぶ**
- **札は全部使うが、読み札を読んだあと、年長者が数秒待つ（そのあいだに年下が取る）**

などのハンディキャップをつけて遊ぶことをおすすめします。

保護者の声

カルタで遊ぶのがいつの間にか習慣に

園では定期的にカルタ大会を開催していますが、それが子どものやる気を引き出し、「カルタ好き」の子を増やすもとになっているようです。カルタにことのほか熱心に取り組んでいる保護者の声を紹介します。

うちの子はいま年中ですが、園で行われるカルタ大会に向けて、家族みんなで練習しています。幼稚園でやっている、6枚から始める練習法が参考になりました。私がいるときは、私が読んだり、家事の合間に「これは?」と子どもに読み札を見せて取ってもらったり、といったかたちで練習します。

園で使っている百人一首の札をコピーして、それを大きな紙に並べて貼り、ポスターのように壁に掲示したりもしました(次ページの写真参照)。こうしておくと、子どもひとりでも札を覚えられます。親子で頑張ったおかげで、ある年の園のカルタ大会ではうちの子が優勝できました。

そんな我が家では、いまや寝る前に百人一首で遊ぶのが習慣になっています。

やるのを忘れていると、子どものほうから「今日はやってないよ」と催促されるほどになりました。

百人一首って難しそうなイメージがありますが、子どもでも楽しめるんですね。楽しんでやっていると強くなるから、いっそうやる気も出るんだな、と感じています。

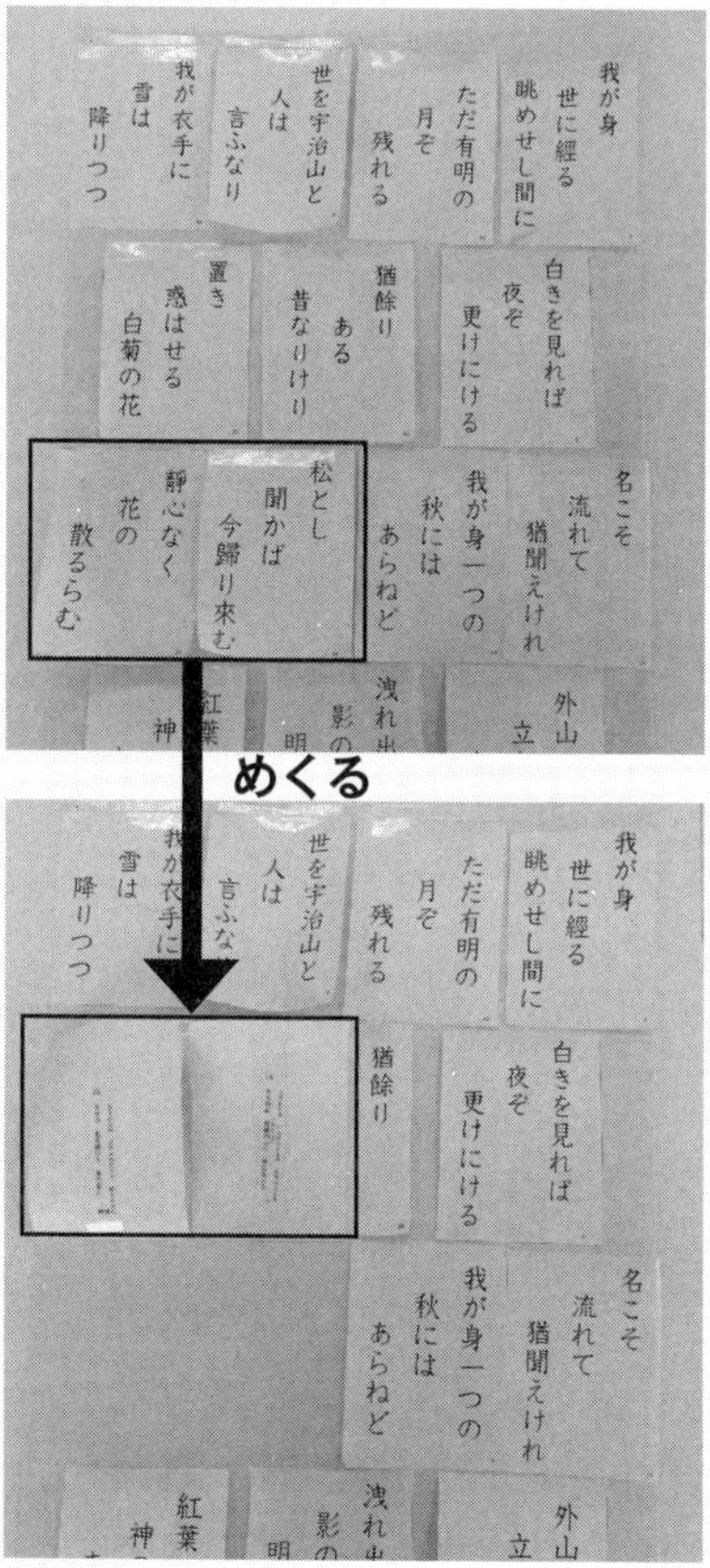

取り札のコピーを貼り付けておき（上の写真）、めくると上の句が確認できる。これを壁に貼り出しておく（写真：保護者提供）

第5章

5

感性の豊かな子に育てるには?

音楽と絵で自己表現力を磨こう

感性とは、物事の美しさや意味を見出す力です。感性が豊かな人は細やかな「気づき」によって心から感動できるだけでなく、感じたことを独自の視点で表現することもできます。それこそが「自己表現」です。

感性は生まれつき良し悪し（あるいは「あるか・ないか」）が決まっているかのように思われがちでしたが、実は感性も、学力や運動能力などと同様、トレーニングによって高めることができます。

「知育・体育・徳育」があるならば、感性を育てる「感育《かんいく》」があって然るべき、と主張したのは、ミュージックステップ（後述）の創始者である譜久里勝秀《ふくざとかつひで》先生でした。

絵を描くこと、歌、演奏を通じて「感じて、気づき、表現する」経験を積むことで、感性豊かで創造力に満ちた子が育ちます。この章で具体的な方法を紹介します。

33

子育てにもっと**音楽**を取り入れよう

音楽は子どもの成長に欠かせない

幼児に音楽を聞かせたり、歌を歌ってもらったりするのはごく当たり前のことで、いまさら説明は不要と感じる人がいるかもしれませんが、ここであらためて、なぜ子育てで、そして幼児教育で音楽が大切なのか考えてみましょう。

第1章でも触れましたが、子どもは聴覚優位の状態にあります。たとえて言うなら、耳に「高感度なセンサー」が備わっているようなもので、耳からの刺激には敏感です。だから大人が文法や構文を教えなくても、耳で聞くだけで母語を操れるようになるのです。

人は母語を、生後数年（0～8歳、人によっては11歳くらいまで）のあいだに自然に獲得しますが、習得の臨界期（最も身に付く時期）は3〜5歳ごろと言われていて、これはちょうど幼稚園・保育園に通う年齢と重なります。

つまり、幼児は発達段階のうえでは音楽ととりわけ相性がいい状態にあるわけです。

優れた音感を持つ人が経験する「音のパノラマ」

美しいメロディや歌声を耳にして、心洗われる思いをした経験のある人は多いでしょう。音に敏感な子どもたちは、同じメロディや歌声を聞いて大人以上の感動を覚えることがあります。その感動こそ、子どもの感性を健やかに力強く伸ばす原動力です。

音に対する感受性が高い子は、音楽の微妙なニュアンスまで聞き分けることができ、より大きな感動を味わうことができます。**つまり音感が優れた人は、より美しく楽しい世界を経験できるぶん、豊かな人生を送れる可能性が高いのです。**

「音楽サヴァン」をご存じでしょうか。自閉症などの障害を抱えながらも、絶対音感があり、傑出した音楽的才能を示す人たちのことですが、エディという音楽サヴァンの男の子の教育に携わったある音楽教師は、次のように報告しています。

エディとの散歩は、音のパノラマを行く旅だった。エディは、歩きながら金属の門に手を這わせてカタカタと鳴らす。街灯があるたびに叩いていい音色がすると音名を言う。立ち止まって車のステレオに耳を向ける。空を見あげて飛行機やヘリコプターを確認する。鳥の鳴き声をまねる。（中略）耳からはいるものに対して、エディはとても敏感だ。そして、耳からはいるものをとおして、ずっと多くのものを敏感に感じとっている。

スティーヴン・ミズン『歌うネアンデルタール』（早川書房）より

この一節は、優れた音感（この場合は絶対音感ですが）がある人にしかわからない、素敵な世界があることを教えてくれているように思います。

実は絶対音感は誰にでもある

もちろん、音感が鈍くても、絶対音感がなくても、人は幸せに生きていけますが、子どもの人生が豊かになるのであれば、音感が伸びるように大人がはたらきかけるのは意味あることではないでしょうか。

次節を先取りしますが、**たとえばクラシック音楽に親しませてあげるとか、生活のなかで少し工夫するだけでも子どもの感覚は刺激できます。**

それだけでも音感は伸びるに違いありませんが、さらに一歩踏み込んできちんとした音楽教育を行えば、無理なく絶対音感を獲得することも可能です。

絶対音感は、音楽的才能に恵まれた人だけが持つ特殊能力のように思われていますが、実はそうでもないようです。

すぐ前のページで引用した『歌うネアンデルタール』などを読めばわかりますが、近年の研究から新生児には絶対音感がある

ことが明らかになっています。

視力が未発達な赤ちゃんは、絶対音感で声を聞き分けて父母を正確に認識しますが、成長し言語を覚えるにつれて絶対音感は失われていき、代わりに相対音感が発達するのだそうです。つまり、私たちにはもともと絶対音感が「あった」ということになります。脳科学者で東京大学教授の池谷裕二先生も、最近の著書のなかでそのように述べていました。

あとの節で、いずみ幼稚園で行っている音感教育（ミュージックステップの、とくに聴音）を紹介しますが、園児のほぼ全員に絶対音感があるのは、毎日の体系的な音感教育が、失われつつある（あるいはいったん失われた）子どもの絶対音感を呼び覚まし、維持する後押しになっているためかもしれません。

ミュージックステップを開発した譜久里勝秀先生は、科学誌『Science《サイエンス》』の研究報告を引用しつつ、「絶対音感が左脳の発達を促す大きな要因となる」と述べています。左脳は言語理解や数学的能力に深く関与する部位です。ここから、音感を刺激することで子どもの脳の発達を促せるかもしれない、という期待もできます。

だから私は、生活のなかにもっと音楽と歌を取り入れてほしいと、普段から保護者に強くすすめているのです。

音楽を言葉の教育や運動へつなげる

教育の手段としてさまざまな応用が利くのも音楽の魅力です。**美しい音色、楽しい歌詞をともなった音楽は、語彙が少なく思考も未熟な子どもの脳に「良質な刺激」を届ける、またとない手段なのです。**

たとえば、童謡の歌詞はただの音ではありません。意味がある日本語の文章です。歌詞をメロディとともに日々聞いていれば、聴覚優位の子どもはどんどん言葉を覚えます。読み聞かせ、音読、フラッシュカードなどで多くの言葉に親しんできた子なら、歌詞から新しい語彙を獲得すると同時に、歌われている情景を想像して意味の理解をも深めていくでしょう。

歌詞を聞きとり、言語知識を動員してイメージを形成する、そのような脳活動が、子どもの知育と感育につながるのは間違いありません（感育とは感性を育てることです）。

リズムに合わせて体を動かす、といったかたちで「運動」へと発展させることもできます。

このように、音楽は幼児教育にはなくてはならないものなのです。多くのページを割いて説明するのは、まさに教育に不可欠だからだとご理解ください。

34 自宅を クラシック音楽 で満たす

子どもに聴かせるなら「本物」から

幼い子がいる家庭では、ぜひ頻繁にクラシック音楽を流すようにしてください。ロックやポップスなどの価値を否定するつもりはありませんが、子どもに聴かせるのであればクラシックの名曲に勝るものはありません。

クラシックは、昔から多くの人に聴き継がれてきた音楽です。なぜ聴き継がれてきたかといえば、その美しさや価値が認められたからでしょう。

すなわちクラシックは、世界中の人に価値が認められた「本物」なのです。

そのような「本物」を与える意義についてはすでに別の節で書きましたが、**せっかく子ど**

もに与える（聴かせる）なら、価値が高いとわかっているもののほうが望ましいのは言うまでもありません。美しい音色を聴かせたほうが、子どもの美的感覚も磨かれるでしょう。

いわゆる「胎教」のためクラシックを聴きはじめる人もいるようですが、私はいいことだと思います。

人は母親の胎内にいるときから声を聞き分け、音楽に反応します。また、赤ん坊は生後6ヵ月のころには音の高低を識別できるようになるそうです。

音楽は幼児にも十分「伝わる」のです。クラシックを流すと、赤ん坊でも音楽に合わせて体を動かしたり、リラックスした表情を見せたりするようになることからそれがわかります。音楽を与えるのに「早すぎる」ということはありません。さっそくクラシックを家庭に取り入れましょう。

まずはBGMとして使う

取り入れるといっても、難しく考える必要はありません。まずは家でBGMとして楽しむくらいで十分です。

音楽は人の感覚に訴える力があります。おやつ、夕食、家で遊んでいるとき、それぞれの時間に合いそうなBGMを好みでかけてみてください。

●子どもに元気に動いてほしいときは、アップテンポな明るい曲をかける

●逆にリラックスしてもらいたいときは、ゆったりした曲をかける

といった具合に、雰囲気を演出する小道具ととらえて選曲するのが大切です。

参考までに挙げておくと、たとえば昼食のときは、次の作品をおすすめします。

ディヴェルティメント　モーツァルト

オーボエ協奏曲から〈アダージョ〉　マルチェッロ

ワルツ第15番　ブラームス

交響曲第9番（新世界より）から〈第2楽章〉　ドヴォルザーク

カヴァレリア・ルスティカーナから〈間奏曲〉　マスカーニ

また、音楽的教養という観点から言ってもぜひ親子で聴いてほしいタイトルを一覧表にしました。曲を選ぶときの参考にしてください。

おすすめのクラシック

曲名	作曲
アイネ・クライネ・ナハトムジークから〈第1楽章〉	モーツァルト
愛のあいさつ	エルガー
愛の夢から〈第3番〉	リスト
雨だれから〈前奏曲〉	ショパン
アルルの女から〈第2組曲　メヌエット〉	ビゼー
美しく青きドナウ	J.シュトラウス2世
カノン	パッヘルベル
カルメンから〈第1幕への前奏曲〉	ビゼー
熊蜂の飛行	リムスキー=コルサコフ
くるみ割り人形から〈あし笛の踊り〉	チャイコフスキー
くるみ割り人形から〈行進曲〉	チャイコフスキー
くるみ割り人形から〈小序曲〉	チャイコフスキー
くるみ割り人形から〈花のワルツ〉	チャイコフスキー
子犬のワルツ	ショパン
交響曲第9番（新世界より）から〈第2楽章〉	ドヴォルザーク
交響曲第101番（時計）から〈第2楽章〉	ハイドン
G線上のアリア	バッハ
四季から〈春　第1楽章〉	ヴィヴァルディ
四季から〈冬　第2楽章〉	ヴィヴァルディ
シシリエンヌ	フォーレ

おすすめのクラシック（つづき）

曲名	作曲
主よ、人の望みの喜びよ	バッハ
タイスの瞑想曲	マスネ
月の光	ドビュッシー
剣の舞	ハチャトゥリアン
天国と地獄から〈序曲〉	オッフェンバック
展覧会の絵から〈第1プロムナード〉	ムソルグスキー
展覧会の絵から〈キエフ（キーウ）の大門〉	ムソルグスキー
動物の謝肉祭から〈白鳥〉	サン＝サーンス
動物の謝肉祭から〈水族館〉	サン＝サーンス
トッカータとフーガ　ニ短調から〈トッカータ〉	バッハ
トロイメライ	シューマン
白鳥の湖から〈情景〉	チャイコフスキー
ハンガリー舞曲から〈第5番〉	ブラームス
ペール・ギュントから〈朝〉	グリーグ
無伴奏チェロ組曲　第1番から〈プレリュード〉	バッハ
メヌエット	ボッケリーニ
わが祖国から〈モルダウ〉	スメタナ
ラ・カンパネッラ	リスト
ラデツキー行進曲	J.シュトラウス1世
惑星から〈第4曲　木星〉	ホルスト

親も思い切ってクラシック音楽に挑戦

　とはいえ、なかには〈自分はクラシックは全然知らないから、いまさら聴くのはなあ……〉と感じる読者がいるかもしれません。でも、ここはぜひ思い切って、クラシックに「挑戦」してください。聴いているうちにきっと、自分好みの曲が見つかります。その発見を、ぜひ子どもと分かち合ってほしいのです。

音楽の良さは幼い子どもにもわかります。 聴き流しているだけに見えても音色は必ず脳に届いていて、子どものほうから、

「もう1回聴きたい！」

　とリクエストが出ることもあれば、いつの間にか子どもが曲を覚えてしまう、なんてことも起こります。保護者から、

「スーパーに行ったとき、子どもがBGMを耳にして、『あっ、これは○○だね！』と曲名を当てたので、ビックリしました」

　という話を何度聞いたかわかりません。曲に子どもが反応すれば、親も〈また曲を聴いてみたい〉と思うはず。親子でそんなふうにクラシックを楽しめるようになれば理想的です。

35 童謡で子どもの発達を後押し

いろいろな楽しみ方ができる

子どもに童謡を聞かせている家庭は多いと思いますが、童謡をクラシックのように「流しっぱなし」にしておくだけではちょっと物足りません。

童謡は「子どもと一緒に楽しむ」音楽です。

歌詞や旋律がシンプルな童謡は、一緒に歌ったり、体を動かして遊んだりするのに適しており、子どもの言葉の力を伸ばすツールとしても役に立ちます。

そんな素晴らしい〝教材〟を、ただ聴き流すのは実にもったいない。たとえば次のようにして、子どもと一緒に遊んでみてはいかがでしょう。

●親が子どもに歌ってあげる

これは何歳からでも始められるので、ぜひ子どもが赤ん坊のときから、大人（とくに親）が童謡を歌ってあげてください。親の「声と匂い」がハッキリ伝わるように抱っこして歌うことで、愛着形成を促しましょう。

歌が下手でも一向に構いません。子守歌を聴かせるもよし、大人が「手遊び歌」を披露するのもいいでしょう。子どもが思わず真似《まね》をしたくなるように楽しそうに遊んで見せて、運動にもつなげていきましょう。

●親子で一緒に歌う

言葉が出はじめたら、今度は親子で歌います。

音がよく響くお風呂や、散歩のときに親子で一緒に歌うと、気分よく過ごせるのでおすすめです。

自らリズムにのって歌詞を発声することで、子どもの言葉の発達が後押しされるのは間違いありません。ぜひ頻繁に親子で歌ってください。

●手遊び歌にチャレンジ

いわゆる「手遊び歌」を親子で楽しみましょう。**手指を細かく動かすと、その運動刺激で脳の発達が促されることがわかっています。**

たとえば「ひげじいさん」の歌のように、決まったパターンで歌と動作が展開する歌だと子どもも真似しやすく、始めやすいようです。ほかにも、昔からある歌として、

「げんこつ山のたぬきさん」

「むすんでひらいて」

「大きな栗《くり》の木の下で」

などがすぐ浮かびますが、子どもが2歳くらいになればどれも十分できるので、ぜひ遊びのレパートリーに加えてください。

●手を叩く、体を動かす

手遊びの範囲を超えて、より大きな振り付けや運動を加えて童謡を楽しみましょう。

たとえば、「手をたたきましょう」を歌いながら、歌詞に合わせて手を叩《たた》く、足踏みをする……といった動作を加えます。

「おこりましょう」「なきましょう」という歌詞のところでは、親がジェスチャーと表情で大げさに怒る真似・泣く真似をしてみせて、子どもにもやってもらいましょう。

メロディや歌詞に合わせて動くためには、旋律をよく聴いていなければなりません。**大人と動きを合わせようとする瞬間、子どもは「①大人の動きに注目する」「②音楽に耳を傾ける」という2つを同時に行いますが、この並行作業が子どもの脳を刺激し、集中力を高めます。**

1~2歳の段階では、子どもに音とリズムを感じてもらうところから始め、3歳を過ぎたら歌いながら本格的に動いてもらうなど、成長に合わせて段階的に難しくしていくといいでしょう。遊びですから、正しく動けているか否かにこだわる必要はありません。ただし、たとえば親子で手拍子のタイミングがピッタリ合ったら、

「できたね！　すごいね！　そろうと気持ちがいいね！」

と、ここぞとばかりにほめて、**他者と協調する楽しさを子どもに印象づけるよう心がけてください。その積み重ねが子どもの社会性を育みます。**

のどを傷めない「キー高め」の歌から始める

ここで参考までに、おすすめの童謡100曲を紹介しておきましょう。

好きな童謡を次々と聞いていくのも「あり」ですが、私は季節感のある、キーが高めの曲を歌ったほうがいいと思っています。

262ページ以降に掲げたのは、いずれもキーが高めの、「頭声発声《とうせいはっせい》」（ヘッドボイス）で歌うのに適した童謡です。頭声発声とは、あとで紹介するミュージックステップでも使われる発声法で（第38節参照）、要するにウイーン少年合唱団がしているように「裏声で歌う」ことです。

頭のてっぺんから声を出すイメージで発声しますが、歌っている側からは頭に声が響いているような感じがするので、「頭声」と呼ばれています。とはいえ、3～6歳くらいの子に「頭声」と言っても伝わらないので、園では、

「怒鳴らないで、やさしい声で歌おう」
「犬の遠吠《とおぼ》えを真似してみようね。ワオーン！」
「ミッキーマウスの声だよ。『ぼく、ミッキー！』」
などと伝えています。

キーの低い童謡を地声で力いっぱい歌い続けていると声帯を傷めてしまい、いわゆる「ダミ声」になるおそれがあるので、負担のかからない頭声発声を教えているのです。

また、キー高めの童謡は、何人かで正しい音程で歌うと美しい響きになりますが、音程が乱れるときれいに聞こえません（この点についてはミュージックステップを扱う節のなかでさらに詳しく説明します）。正しい音程で、ほかの人に合わせてキー高めの童謡を歌うことで、協働・協調の大切さを実感してもらうねらいもあり、このような選曲にしました。

2歳以降、幼稚園に入園するまでにぜひ「童謡100曲」を目標にして聞いてみてください。園だとカリキュラムの関係で、3年間に40～50曲が精一杯ですが、家庭ではもっと童謡に触れてもらえるはずです。

親子で歌いたい童謡100選 ［春］

曲名	作詞（または訳詞、日本語詞作成）	作曲
赤い鳥小鳥	北原白秋	成田為三
おうま	林　柳波	松島　彜
おかあさん	田中ナナ	中田喜直
おつかいありさん	関根栄一	團　伊玖磨
おんまはみんな	中山知子	アメリカ民謡
かなりや	西條八十	成田為三
かわいいかくれんぼ	サトウハチロー	中田喜直
鯉のぼり	文部省唱歌	
ことりのうた	与田凖一	芥川也寸志
背くらべ	海野　厚	中山晋平
たのしいね	山内佳鶴子・寺島尚彦	寺島尚彦
茶つみ	文部省唱歌	
チューリップ	近藤宮子・井上武士	井上武士
ちょうちょう	野村秋足・稲垣千穎	スペイン民謡
走ろう子馬よ	薩摩　忠	J.ハヨス
花のまわりで	江間章子	大津三郎・岡本敏明
春の小川	高野辰之	岡野貞一
ピクニック	萩原栄一	イギリス民謡
ふしぎなポケット	まど・みちお	渡辺　茂
ぶんぶんぶん	村野四郎	ボヘミア民謡
緑の小馬が生まれたら	畑　正憲	後藤悦治郎
みどりのそよ風	清水かつら	草川　信
めだかの学校	茶木　滋	中田喜直
森のくまさん	馬場祥弘	アメリカ民謡
やぎさんゆうびん	まど・みちお	團　伊玖磨

親子で歌いたい童謡100選 ［夏］

曲名	作詞（または訳詞、日本語詞作成）	作曲
アイアイ	相田裕美	宇野誠一郎
アイスクリームの歌	さとうよしみ	服部公一
雨の遊園地	谷内六郎	中村八大
あめふり	北原白秋	中山晋平
あめふりくまのこ	鶴見正夫	湯山　昭
アルプス一万尺	不詳	アメリカ民謡
いぬのおまわりさん	さとうよしみ	大中　恩
うみ	林　柳波	井上武士
お星さま	都築益世	團　伊玖磨
かたつむり	文部省唱歌	
かっこう	小林純一	ドイツ民謡
かもめの水兵さん	武内俊子	河村光陽
かわいい魚屋さん	加藤省吾	山口保治
きらきら星	武鹿悦子	フランス民謡
静かな湖畔	山北多喜彦	スイス民謡
たなばたさま	権藤花代・林　柳波	下總皖一
手のひらを太陽に	やなせたかし	いずみたく
てるてる坊主	浅原鏡村	中山晋平
にじ	新沢としひこ	中川ひろたか
虹のむこうに	坂田　修	坂田　修
ふじの山	巖谷小波	不詳
ホ!ホ!ホ!	伊藤アキラ	越部信義
南の島のハメハメハ大王	伊藤アキラ	森田公一
ヤッホッホ夏休み	伊藤アキラ	小林亜星
われは海の子	文部省唱歌	

親子で歌いたい童謡100選　［秋］

曲名	作詞（または訳詞、日本語詞作成）	作曲
赤とんぼ	三木露風	山田耕筰
兎のダンス	野口雨情	中山晋平
大きな栗の木の下で	不詳	外国曲
お月さんと坊や	サトウハチロー	中田喜直
かもつれっしゃ	山川啓介	若松正司
里の秋	斎藤信夫	海沼　實
さわると秋がさびしがる	サトウハチロー	中田喜直
十五夜お月さん	野口雨情	本居長世
証城寺の狸囃子	野口雨情	中山晋平
ちいさい秋みつけた	サトウハチロー	中田喜直
月の沙漠	加藤まさを	佐々木すぐる
動物園へ行こう	海野洋司	T. パックストン
とをあけて	阪田寛夫	越部信義
どんぐりころころ	青木存義	梁田　貞
とんぼのめがね	額賀誠志	平井康三郎
七つの子	野口雨情	本居長世
はしれちょうとっきゅう	山中　恒	湯浅譲二
まっかな秋	薩摩　忠	小林秀雄
虫のこえ	文部省唱歌	
村祭	文部省唱歌	
紅葉	高野辰之	岡野貞一
森の小人	山川　清・玉木登美夫	山本雅之
夕日	葛原しげる	室崎琴月
夕日が背中を押してくる	阪田寛夫	山本直純
夕焼小焼	中村雨紅	草川　信

親子で歌いたい童謡100選 ［冬］

曲名	作詞（または訳詞、日本語詞作成）	作曲
あおいそらにえをかこう	一樹和美	上柴はじめ
赤鼻のトナカイ	新田宣夫	J.マークス
あわてんぼうのサンタクロース	吉岡　治	小林亜星
うれしいひな祭り	山野三郎	河村光陽
お正月	東　くめ	瀧　廉太郎
おもちゃのチャチャチャ	野坂昭如・吉岡　治	越部信義
北風小僧の寒太郎	井手隆夫	福田和禾子
きよしこの夜	由木　康	F.グルーバー
クラリネットをこわしちゃった	石井好子	フランス民謡
こどものせかい	小野崎孝輔	シャーマン兄弟
ジングルベル	宮澤章二	J. ピアポント
スキー	時雨音羽	平井康三郎
たきび	巽　聖歌	渡辺　茂
手をつなごう	中川李枝子	諸井　誠
どこかで春が	百田宗治	草川　信
トロイカ	楽団カチューシャ	ロシア民謡
ドロップスの歌	まど・みちお	大中　恩
冬景色	文部省唱歌	
ペチカ	北原白秋	山田耕筰
山のワルツ	香山美子	湯山　昭
雪	文部省唱歌	
雪と子ども	小林純一	ノルウェー民謡
雪のこぼうず	村山寿子	不詳
雪のペンキやさん	則武昭彦	安藤　孝
旅愁	犬童球渓	J. P. オードウェイ

36

ミュージックステップ①

集中して聞く力をつける

幼児音楽出版

ミュージックステップとは何か

ミュージックステップは、音楽家の譜久里勝秀先生が考案した幼児音楽教育システムです。3歳から楽しく取り組めて、しかも音楽の基本であるリズム（拍子）・メロディ（旋律）・ハーモニー（和音）が自然と身に付くプログラム構成になっており、園では40年前から実践しています。

いちばんの特徴は、**先生が「教える」のではなく、子どもが自ら正解に「気づく」ことで学びを深めるようにできている**ところにあり、近年広がりを見せている「アクティブ・ラーニング」に似ている部分があると私は思っています。

具体的に知っていただくため、ここでは入園したての子が最初の時期に行う活動を紹介しましょう（以下、先生の言葉を、子どもの言葉をで示します）。

まずはリトミックでルール感覚を養う

ミュージックステップは、簡単なリトミックから始まります（リトミックとはリズムに合わせて体を動かす遊びのことだと考えてください）。

まずはどんな子でもできる「走る・座る・横になる」という動きを音楽に合わせて楽しみ、それを1週間ほどくり返して慣れたら、今度は動物のリトミックです。子どもには、

- **軽やかな曲に合わせて兎になって跳ねる**
- **ゆったりした曲に合わせて象が鼻を揺らすように腕を左右にゆったり振る**
- **コミカルな曲に合わせて猿のようにおどけて歩く**

などの動きを、聴こえてくる音楽に合わせてやってもらいます。

それぞれの動物の動作は決まっていますが、「これが兎だよ」と教えたりはしません。次ページのイラストのように、大人が楽しそうに一緒にやって見せて動き方を伝えます。

動物のリトミックをしましょう
ツヨシくん上手ですね
ツヨシ
みんなとっても元気な兎さんですね

園ではピアノ担当の先生のほかに、補助の先生がついて子どもにお手本を見せます。その真似をして、たとえば子どもが上手に象の動作ができたら、先生がすかさず、

「あっ！　鼻の長ーい象さんがいるね！」

とほめ、こうしてその動作が「象」の動作であるとさりげなく伝えていきます。

そして猿の曲・象の曲・兎の曲をランダムな順番で次々と弾いて、子どもがリズムの変化に合わせて柔軟に動作を変えられたら、

「いいお耳だね！　しっかりピアノの音を聴けていました。素晴らしい！」

とほめます。逆にうまく合わせられていないときは、

「あれれ〜？　いま流れているのは何かな〜？　よく聴いてみよう」

というふうに、音に意識を向け、正しい動きができるように促します。そして子どもが自ら正しい動きへと修正できたら、しっかりほめます。「こう動くんだよ」「これしなさい」といった直接的な指示はしません。

このリトミックのポイントは、**「指示がなくてもルールを守り、音に反応できたこと」**を**ほめる**ところにあります。

どんな遊び・ゲームにも一定の規則があり、楽しむためには自ら規則性を感じとって守る

「ルール感覚」を身に付けねばなりません。集団で何かに取り組む場合は、なおさらルール感覚が大切になりますが、その感覚を伸ばすために「教えない」を貫くのです。

「お話」を使って返事をする習慣をつける

こうして5分ほどリトミックを楽しんだあと、「お話」を聞いてもらいます。

子どもたちに聞いてもらうお話はプログラムで決まっていて、1回目の授業では、うなずくだけで「はい」と返事ができない「こっくん」のお話（作者は譜久里先生）を読むことになっています。そのあらすじを紹介しましょう。

【「こっくん」のお話】

ある日、「こっくん」は迷子になってしまいました。心細くて泣いていると、親切なおばあさんが通りかかり、心配して声をかけてくれました。

でも、「こっくん」はうなずくだけで返事ができません。目の悪いおばあさんは、「こっくん」が迷子で困っていることがわからず、「そうかい、そんなら泣かずに早くお帰り」

と言って去っていきました。
「こっくん」はおばあさんに返事をしなかったことを悔やみ、いよいよ大きな声で泣きます。すると、その声が聞こえたのか、遠くから「こっくん、こっくん」と、両親の声が聞こえてきました。
「こっくん」はそのとき、初めて大きな声で「はーい」と返事ができました。

終わったら、「よく聞けました」と子どもをほめ、次の「音を聴く」活動に移ります。一見、音楽とは場違いな「お話」は、実はこの活動への下準備だったのです。

物語を聞き、ほめられた子どもの気分は喜びで高揚しています。主人公「こっくん」に自分自身を重ね合わせてもいるので、声をかけられたら返事をする心構えもできました。だから先生が次のように呼びかけると、嬉々《きき》として「できる！」と答えます。

「今度は、『おへんじはい』の歌を歌いましょう。『はい』のところでテキストを指さしますよ。みんなできるかな？」

「音を聴く」活動はこうして始まります。

「みんなでそろう」ことの心地よさを経験する

「音を聴く」活動でやることは、実に簡単です。

「おへん〜じ」というピアノの曲が流れてきたら、そのリズムに合わせて「はい」と返事をしながら、子どもたちがテキストの所定の箇所を指で押さえる。これだけですから、子どもたちは難なく課題をクリアします。

そこで今度は音を聴き、それに合わせて手を打つ「リズム打ち」へと移ります。

「とっても上手にできました！　次は、『はい』のところで、みんなで手をたたいてみましょう。できるかな？」

「できる〜！」

子どもは自信満々でこう答えるかもしれませんが、最初のうちはそろいません。しかし何度も挑戦していると、「おへん〜じ」の歌と手拍子がそろうときが、必ずきます。

「できた！」

「そう！　よくできたね！　手拍子がピタッとそろって、気持ちいいね！」

これが一音節の「リズム打ち」という活動で、できた瞬間を逃さず先生がほめることで、

下の楽譜などはミュージックステップのテキストからの転載。リズムに合わせてテキストの「はい」と書かれたところに触れる。最初は簡単なリズムから始め、徐々に休符なども交えた複雑なリズムへとステップアップしていく。指で押さえる箇所は赤・青・黄で色分けされていて、これが275ページで紹介するコーデル（和音笛）の３つの吹き口の色と対応しているので演奏のテキストとしても使える

子どもたちは集団の中で全員がそろう一致感、一体感、心地よさを体験します。

あとは、より難しいリズムに合わせた「リズム打ち」へと進化させていきますが、「そろう」ことの心地よさを知っている子どもは果敢に挑戦し、上手になっていくでしょう。このように多くの「できた」を体験できるのも、ミュージックステップの特徴です。

「返事をする」「みんなとそろえる」ことの大切さが学べる活動

ここまでがリトミックからリズム打ちまでの流れですが、以上を通じて子どもは、リズムを感じてそれにのることを覚えます。同時にルールを守ること、返事をすることの意義を体感し、「他者とそろう」ことの心地よさにも気づくことができます。

お話を「聞く」から音を「聴く」へと活動を滑らかに移行させつつ、無理なくステップアップしながら、生活全般に役立つ大切な規範を身に付けられるしかけが埋め込まれているわけです。以上のような活動を体験してもらったあとで、いよいよ子どもたちに音階に触れてもらう「音との出合い」へと進むのですが、その内容は次節に譲ります。

コラム

コーデル奏で和音を体験する

「音を聴く」活動のなかで、園児たちはコーデルを使った演奏にも挑戦します。コーデルとは、吹くだけで主要3和音を奏でられる和音笛です。

全員でうまく演奏できたときは音が美しく重なった協和音を楽しめますが、少しでも間違えると不協和音が生じ、心地よさは失われます。そんな体験をするなかで、子どもたちはいっそう「そろえる」ことの大切さを実感します。

コーデルで子どもが体験できる音の世界は一気に広がります。インターネット通販で購入できるので、おもちゃとして用意してもいいでしょう。

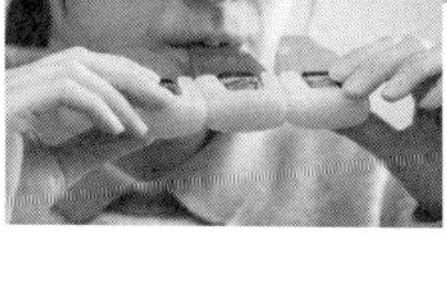

全音楽譜出版社製のコーデル。吹き口は赤（シレソ）、青（ドミソ）、黄（ドファラ）の3色

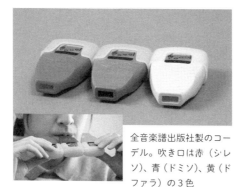

37

ミュージックステップ②

聴音で絶対音感を身に付ける

「音との出合い」から音を聴き分ける「聴音」へ

入園して3ヵ月目に待っているのが「音との出合い」です。「音との出合い」では子どもに音階を知ってもらいますが、ここでも大人は極力教えないように努め、子どもが段階を踏んで「気づく」よう導いていきます。

音との出合いは、まず「高い音」と「低い音」があることを知ってもらうところから始まります。園ではどうしているかというと、あらかじめ先生がトライアングル、鈴、水笛などを用意しておき、それらを使ってまず高い音を、次に先生が牛の鳴き真似をして低い音を、それぞれ子どもに聴いてもらいます。すると、

「かわいい！」

「牛の声！」

必ずこんな反応が返ってきますが、そうやって興味を惹《ひ》きつけたところで、

「じゃあピアノの音を聴いて、高いと思ったら立って手を挙げます。低いと思ったら座って手を膝に置きましょう」

と呼びかけて、子どもにクイズを出します。そして先生がピアノの両サイドの鍵盤2音（最高音と最低音）を弾き比べて、

「どっちが高い音かな？」

と子どもに尋ねます。興味深いことに、答えを間違える子が少なからず出てきます。つまり、響きが小さい最高音を、小さいから「低い音」だと答える子がいるのです。言葉の理解の問題もありますが、おそらく子どものなかでは、「大きな音」「小さな音」「高い音」「低い音」の認識がまだできていないのでしょう。

ですが先生は間違いを指摘しませんし、正解も教えません。 そのまま今度は、ピアノをグリッサンド（高さの異なる音階を滑らかにスライドさせて弾く）します。

すると、たとえば低音から高音へ弾くと、子どもでも音が「上がった」ことに気づきます。

逆に高音から低音へ弾くと、音が「下がった」のを感じることができます。

「あ、音が下がった」

子どもがこんな反応を示したら、すかさずほめて次の活動へ移ります。

「高い音と低い音がよくわかるようになったね。今度は、音を比べる遊びをやってみましょう」

そしていろいろな高音と低音を弾き、「高い音なら両手を挙げる」「低い音なら膝に手を置く」というルールで子どもが答えるクイズをします。子どもが間違えなくなったら、そこで初めて、次の個別の階名（音についている名前）を知ってもらう段階へ入ります。

まず音を体感させてから階名を伝える

最初に子どもに知ってもらう階名は、必ずドとソですが、もちろん、「ド」「ソ」という階名は伝えません。まずはこんなクイズから始めます。

「2つのピアノの音を聴いて、低いと感じたら両手でお膝を叩きます。高いと感じたらお肩を叩きましょう」

そして先生がピアノのドの音を連打し、次にソを連打、またドを……といった具合に演奏して反応を見ます。

高い音・低い音を体得した子は、すぐ正解が出せるようになるでしょう。そこで次はドを弾き続けながら、

「みんなよくわかるようになったね。今みんなは、『お膝の音』に反応しています。これが『ド』の音だよー」

と伝え、こうして初めて、音と「ド」という階名を結びつけます。

続いてソでも同じことをしたあと、先生のピアノに合わせて全員で「ド・ド・ド……」「ソ・ソ・ソ……」と階名で歌い、ドとソの音を定着させていきます。

ド・ソが定着したあとは、同じ手法で他の音階にも「出合って」もらいますが、音の組み合わせや出合いの順序は決まっていて、次のようになっています（一部だけ紹介します）。

ド・ソ⬇ド・レ⬇ド・レ・ソ⬇ソ・ファ⬇ソ・ファ・ド⬇ド・レ・ファ・ソ……

一見するとランダムなこの組み合わせは、音楽理論にもとづきそれぞれの音が与える印象

ミュージックステップの身体反応（一部）

音域や調号（#や♭など）によって少し動きが変わります（本書では省略）

両手を太ももに当てる

両手を腰に当てる

両手をおなかに当てる

両手を胸に当てる

両手を肩に当てる

両手を前に出す

を十分考慮してつくられています。この組み合わせで順に音に出合ってもらうと、子どもたちは音をそれぞれ独立したものとして記憶していきます。

新しい音が耳に入るたび、子どもは耳を澄ませて聴こうとします。これを私は〝耳が立った〟状態と呼んでいますが、子どもの耳が立ったところで次の活動「聴音」に入ります。

これは、音を聴いて身体反応（ジェスチャー。前ページのイラスト参照）で音階を答える〝音あて遊び〟です。

それぞれの音を独立したものとして記憶し、そのうえで聴き分ける遊びを毎日するから、ミュージックステップに取り組む子どもたちには絶対音感が身に付くのです。

このあとさらに、子どもたちがコーデル（和音笛。第36節参照）やピアニー（鍵盤ハーモニカ）を使って演奏をします。紙幅の都合もあるので、その詳細を知りたい方には譜久里先生の著作（巻末の参考文献リストを参照）にあたっていただくしかありませんが、以上のように音感を高めたうえで演奏を行うから、メロディやハーモニーも身に付くわけです。

コラム

音への集中力を高める「アイマスク」

聴音の効果を高める必須アイテムが「アイマスク」です。

聴音は、目を開けてやるか、閉じてやるかで子どもたちの集中の度合いがまったく変わります。目を開けたままなら「まわりを見て真似する」「自分が間違っていないことを確かめながら反応する」ことができます。つまり、視覚に頼れるわけです。

ところがアイマスクで目を塞《ふさ》ぐと頼れるのは自分の音感だけになり、子どもたちは真剣に耳を澄ませて、自分から音を「感じよう」としはじめます。そのぶん集中力がつき、音感も磨かれます。

園を見学にみえた方から、子どもがイヤがるのではないかと心配の声をいただくこともありますが、そんなことはありません。

「変身するよ〜！」と呼びかけたり、「お友達を見ずに自分だけで聴き分けられるかな？」と声をかけると、子どもたちも嬉々としてアイマスクをつけるので、いずみ幼稚園では欠かせない〝必須アイテム〟になっています。

アイマスクをして聴音に取り組む園児たち。間違えたときは先生が「よく聴いてね～」と伝え，同じ音を何度も聴かせて自ら気づくように導く

38

ミュージックステップ③

頭声発声できれいに歌う

「頭声発声《とうせいはっせい》」なら子どもの声帯を傷めない

音楽には歌が欠かせません。ミュージックステップでは歌うときは必ず「頭声発声」で歌います。頭声発声とは、たとえばウイーン少年合唱団のように、頭から抜けるような裏声で歌うことです。

一般に、幼児は「元気に大きな声で、楽しく歌えばそれでいい」と思われているようですが、**大きな地声で歌い続けると、未発達でデリケートな子どもの声帯を傷めてしまうリスクがあります。**

しかし頭声発声は声帯の運動量が少ないので、小さめの声量（弱声）で歌えば負担はかかりません。将来にわたって美しい声が維持できる、理想的な歌い方ができるのです。

ミュージックステップでは頭声発声のための独自の「発声フレーズ集」(練習用に10種類のメロディを収めた音源)が用意されていて、最初はピアノの「高いレ」の音にあわせて、「ルルル……」と「ル」で歌うところから始めることになっています。

高い音から始めるのは、子どもたちに地声ではなく裏声を使ってもらうためです。さらに「ル」を発声すると自然と唇がつぼみ弱声になるので、子どもたちは自然と頭声発声で歌うようになります。

「声で歌わず響きで歌う」ことの意味

頭声発声は、音程やハーモニーをしっかりと意識して歌うのに最も適した歌唱法です。園児たちが合唱するときは必ず弱声で歌うので、子どもたちにはまわりの友達の声も、ピアノの音もよく聞こえています。

うまく声をそろえて合唱できるとみんなの声が響き合い、ワイングラスが鳴るような美しい調べが耳に届くので、歌っている子どもたち自身も感動します。

園では毎年クリスマスの時期にコンサートを行っており、園児たちが美しい歌声を披露する（写真：園提供、2022年かつしかシンフォニーヒルズでのコンサートにて）

ところが、少しでも音程が外れたりすると声は共鳴しなくなり、美しさが崩れます。歌っている園児たちにもそのことはすぐわかるので、先生が何も言わなくても、うまく歌えていない子は自ら音程を整えようとします。

言い換えると、**子どもが自ら行動を整える「自己調整」の力がつく**わけですが、このような教育的効果は、大きな地声で合唱した場合には望めないでしょう。

「声で歌わず響きで歌う」とも言われるのが頭声発声ですが、これは合唱の美しさを子どもたちに知ってもらううえでも最良の歌い方なのです。

コラム

グループ学習の効果

市販の教材を使えばミュージックステップは家庭でもできますが、集団で取り組んだほうがメリットは大きくなります。

たとえば一対一のレッスンは、実際にやってみると指導に当たる大人が細かいところまで教え込もうとするため、子どもが受け身になりがちです。

これに対しグループ学習では、まわりにいつも同じ立場の仲間がいて、「手拍子がそろった」「コーデルの音がピタリと合った」という、まさにその瞬間に子どもひとりひとりが「できた！」と成功を肌で感じられるのでやる気がわきます。

失敗したときも、周囲の様子から子ども自身が「何か違う」と感じ取り、ほかの子をお手本に自ら間違いに気づいて修正することができます。子どもが互いの存在を感じあうことで、「教えなくてもわかる」状況が自然に生まれるのです。

39

アイデアマラソン①

小さな観察画を描いて気づく力を養う

アイ・エム・エス

ただの「お絵描き」では物足りない

この節と次の節で紹介するのは絵を描く活動ですが、なんとなくお絵描きをするだけでは面白くありません。親子で「アイデアマラソン」に挑戦することをおすすめします。

アイデアマラソンとは樋口《ひぐち》健夫《たけお》博士が考案した独自の発想法で、「アイデアマラソン発想システム」（Idea-Marathon System、略してIMS）が正式な名称です。

これは毎日考えたことをノートに書き続けて思考力・発想力を高める、いわば大人向けの頭脳トレーニングですが、子どもでも取り組めるように、

①めだかアイデアマラソン（4～5歳向け）

②どるふぃんアイデアマラソン（5～6歳向け）

③きっずアイデアマラソン（小学校1～3年生向け）

の3つも用意されています。これらの開発にあたっては私も協力させていただき、園でも積極的に取り組んできました。本書では①と②を扱います。

アイデアマラソンは、要するに絵を描く活動なので自宅で取り組むことができますし、実際、親子でやっているという保護者もいます。この節ではまず、めだかアイデアマラソンの趣旨とやり方を説明します。

観察して描くのが「めだかアイデアマラソン」

めだかアイデアマラソンでは子どもに絵を描いてもらいますが、もちろん単なるお絵描きでは終わりません。物をじっくり見て写生する「観察画」に取り組んでもらいます。

モデル（オブジェクト）は家にあるものなら何でも構いませんが、「名刺大の紙に原寸で描けるくらい小さいもの」が適しています。小さいものは見たままを紙に再現すればよく、子どもにとっては描きやすいからです。たとえば、

・洗濯ばさみ　**・スティックのり**（小さめのもの）　**・腕時計**

・消しゴム　**・マグネット**（台所で使うもの）　**・小皿**

などで、立体感のあるものがおすすめです。写真ではなく必ず実物を使いましょう。あまりにも大きなもの（たとえば傘、壁に飾られた絵、大人の服など）は小さな紙には描きにくく、絵も雑になりやすいので、少なくとも最初のうちは避けたほうが賢明です。スケッチブックは使いません。Ａ４やＢ４ではサイズが大きすぎて何をどう描いていいかわからず戸惑う子もいるので、あえて名刺大の小さな紙に描いてもらいます。

どのような手順で描くか

この**「実物を観察して小さな紙に写生する」**のが、めだかアイデアマラソンの特徴で、実際に取り組むときは次のような手順で進めます（なお、園では子どもたちが絵を描きますが、家庭で行うときは親子で一緒にチャレンジしたほうが楽しく取り組めます。２９２ページのマンガも参照してください）。

❶必要なものを用意

机や椅子のほか、名刺大の紙とオブジェクトを用意します（ここでは仮にティースプーンをオブジェクトとして準備したとします）。紙については、宛名ラベル作成に使われるシール用紙がおすすめです。できた作品をまとめて台紙に貼って保管できるからです。

画材としては、消して描きなおすことができる鉛筆と消しゴムが適しています。慣れてきたら色鉛筆などを用意して着色してもいいでしょう。

なお、アイデアマラソンにかける時間はあらかじめ決めておいてください。園では観察（❷参照）に費やす時間も含めて「15分」にしています。時間を決めておくと集中して取り組みやすくなります。

❷まず観察、そして「気づき」を言葉に

いきなり描きはじめるのではなく、大人が「まず、よーく見てみよう」と子どもに声をかけて、オブジェクトをじっくり観察してもらいましょう。1分くらいでいいと思います。

観察の時間が終わったら、大人のほうから、

「どんなかたちをしていただろう？」

宛名ラベル用紙を用意し、描く前に切り分けておく
まずスプーンをよーく見てみよう
ここに顔が映ってるね
あっ！さかさまになってる!!
さあ10分頑張って絵にしよう

「スプーンをじっくり見て、気づいたことはあるかな？」

などと問いかけて、**子どもに「気づき」を発表してもらいましょう。**

なんとなく子どもの返事を待っていてはいけません。「どこを、どう見ればいいか」がわかっていない子もいます。必要であれば観察している最中から、

「スプーンの、手で持つところはどんなかたちをしているかな？」

「ここが大きく凹《へこ》んでるよ」

「表面がピカピカだから、○○ちゃんの顔が映ってるね！」

「影はどちらにのびてるかな～」

と大人が話しかけて、オブジェクトの特徴や観察のポイント（それこそが描画のときのポイントにもなるのですが）に目が向くよう、子どもを導いてあげてください。

❸描いて保存

観察に十分な時間を割いたあと、絵を描きます。この場合は観察と気づきの発表に5分使っているので、残りの「10分」で集中して絵を描いてもらいましょう。

子どもが描いているあいだ、大人は余計な口出しをせず見守ります。ただ、あまり乱雑に

描くようなら、「もっとよく見て描こう。ここはどうなってる？」などと声をかけて、オブジェクトに目を向けるよう促します。

決められた時間が経過したら終わりです。できた絵を見て、ぜひいいところをほめてあげてください。途中までしか描けなかった場合でも、「頑張ったね。明日またやろう」と声をかけて終了します。

描いた絵は必ずファイルなどに保存しておきましょう。とても良い記念になりますし、1カ月後、半年後、1年後などに見返せば、必ずや進歩が確認できます。

描くこと以上に「観察」が大事

めだかアイデアマラソンで大切なのは、とにかく「毎日描くこと」です。続けると、子どもの絵が目に見えて上手くなっていきます。

「毎日」とはいかにも大変な感じがするかもしれませんが、準備にかかる時間を含めても20分ほどで終わるので、習慣化するのはそれほど難しくありません。

ポイントは、「観察」にあります。絵の上達もさることながら、観察によって集中力を養い、

発見を促すのがこの活動のねらいなのです。

観察を通じて、ぜひとも子どもに何か「気づき」を得てもらいましょう。ここではティースプーンを例にしましたが、観察して描くことを続けていると、子どもはやがて「よーく見るとスプーンの柄の裏側にメーカーのロゴが入っていた」「表面に特徴的なキズがある」といった〝発見〟をするようになります。

脳を刺激するそんな「気づき」「発見」を、できるだけ子どもにたくさん積み上げてもらいましょう。そして絵にアウトプットするよう促してあげてください。小さな絵を描くだけですから必ずできます。

そんなふうにアウトプットしやすいルールになっているのが、「めだかアイデアマラソン」のいいところです。集中し、発見し、結実したイメージどおり表現すべく試行錯誤すること。短時間でいいので、そんな活動をくり返すことで、後々創造力が花開く基礎がつくられるのです。

保護者の声

子どもの絵にあらわれた確かな進歩

アイデアマラソンは、「トーランス式創造性思考テスト」という科学的手法を用いた調査でも、創造性を伸ばす効果があると実証されています。実際、熱心に取り組んでいる保護者は子どものこんな変化を実感していました。

アイデアマラソンを始めたころの絵は拙《つたな》かったですが、続けていると、子どもなりに「何かを表そう、ていねいに描こう」とするようになるみたいです。

たとえば、最初は輪郭《りんかく》を描くだけだったのが、次に同じ物を描くときはアングルを変えるようになりましたし、スプーンを描いたときは、スプーンの表面に映った自分の顔まで描いたことがありました（次ページの写真参照）。ほかの子がしているのを真似たようですが、そうやって「いいところ」を学べるのが、幼稚園で集団学習するよさですね。

いまうちの子は卒園し、「才能育み教室」に通っていますが、アイデアマラソンは続けていて、私も100均で買った紙シールを使って一緒に描くようにしています。

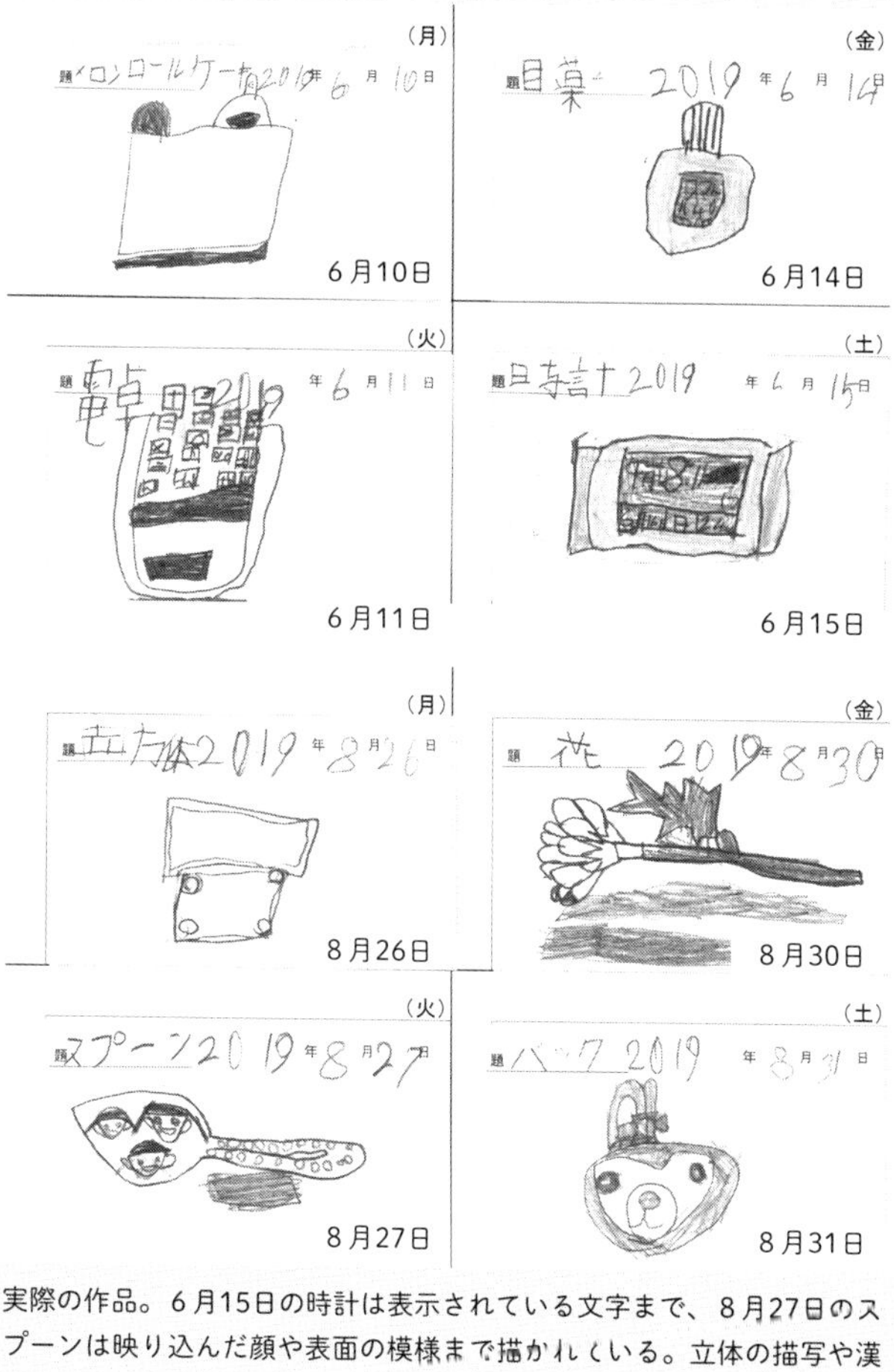

実際の作品。6月15日の時計は表示されている文字まで、8月27日のスプーンは映り込んだ顔や表面の模様まで描かれている。立体の描写や漢字には苦戦しているが、カタカナの書字バランスは整ってきている

（写真：保護者提供）

40

アイデアマラソン②

発想画を描いて創造力を伸ばす

お題をもとに発想を膨らませて描く

いずみ幼稚園では、年長の12月ごろから「めだかアイデアマラソン」を離れて、「どるふぃんアイデアマラソン」へ移るカリキュラムになっています。

これは「めだかアイデアマラソン」の発展型ですが、今度は観察画ではなく「発想画」に挑戦します。

すなわち、「めだか」ではひたすら静物写生を子どもにしてもらいましたが、「どるふぃん」では決められたテーマ（お題）をもとに、子どもに自分のアイデアを絵にしてもらい、同時に文章で説明を書き添えてもらうのです。

子どもの独特な発想を垣間見る《かいまみ》ことができる面白い活動で、家でもできるのでご紹介しておきましょう。

まず必要になるのは絵の「お題」

どるふぃんアイデアマラソンにまず必要なのは、絵の「お題」です。

たとえば園では以前、子どもたちにこんなお題で絵を描いてもらったことがありました。

『コロボン』という新種の生き物を想像して、好きなように描いてみましょう」

名前から想像を膨らませてオリジナルのキャラクターを構想するお題です。「コロ」「ボン」という語感から丸っこい動物を想像してしまいますが、子どもたちは、やせたコロボン、とがったコロボンなど、いろいろなキャラクターを描いていました。

子どもらしい、意外な発想に出合えるのが、どるふぃんアイデアマラソンの魅力ですが、コロボン以外にも、園ではさまざまなお題を考え、子どもたちに出題してきました。

次ページでお題の例を紹介します。余談ですが、読み聞かせのときにこのお題を出し、子どもとアイデアを出して楽しむ（第21節参照）という使い方もできます。

どるふぃんアイデアマラソン　お題例

お題	絵にするもの	文章にすること
4匹目の子豚	3匹の子豚にもう1匹弟がいたとしたら、どんな家を建てるか描いてみよう	どんな家なのか、説明を書いてみよう
桃太郎の助っ人	桃太郎のおともは犬、猿、雉《きじ》。あともう1匹連れて行くとしたら、何の動物がいい？	その動物は鬼ケ島でどのように役立つの？
かぐや姫の続き	かぐや姫はお迎えが来て月に帰ったけれど、帰って何をしたのかな？　想像して絵に描こう	お話の続きを書いてみよう
遊具	公園にどんな遊具があったら楽しいかな？	それは何？
パフェ	大きなソフトクリームをガラスの器に入れ、まわりに好きな果物を置いてパフェを描こう	このパフェに名前を付けよう
パトカー	未来のパトカーを考えて描こう	どんなところが進化しているのか書こう
大掃除	大掃除をしている絵を描こう	大掃除のときに自分がお手伝いできそうなことを書こう

お年玉	お年玉の使い道を考えて絵に描こう	欲しい物がある人は、なぜそれが欲しいのか理由を書こう
青色の物	自分の持っている物のなかで青色の物を探して描こう	青色の物の名前は何？
おばけ	君はおばけに化けられるようになった。自分が化けてみたいおばけを描こう	おばけになってどこで誰を驚かすか、考えて書こう
犬の三兄弟①	犬の三兄弟のお話をつくろう。3匹の兄弟の犬の絵を描こう	3匹の犬の名前を決めて書こう
犬の三兄弟②	一番下の弟犬が、朝からいなくなった！2匹のお兄さん犬が弟犬を捜している絵を描こう	2匹のお兄さん犬はどこへ捜しに行ったのか書こう
犬の三兄弟③	弟犬を捜しているという弟犬の顔入りの貼り紙を描こう	「弟犬を捜しています」という文を書こう
犬の三兄弟④	弟犬は、迷子になっていた。それを2匹のお兄さん犬が発見。喜ぶ3匹を描こう	どこで、どうして迷子になったかを、考えて書こう

どのように進めるか

お題のほか、どるふぃんアイデアマラソンで必要なものは、

- **画材（鉛筆、消しゴム、色鉛筆など）**
- **用紙（絵を描くための名刺大のスペースと、文字を書く欄を設けるとよい）**

この2つだけです。

園では専用の用紙を使っていますが、いまはどの家庭にもパソコンがある時代ですから、似たようなものはすぐつくれるのではないでしょうか。

準備ができたら次のようにすすめます（305ページのマンガも要参照）。

サイズはA5（A4用紙の半分）、絵を描く欄の大きさは4.5cm × 6 cm程度

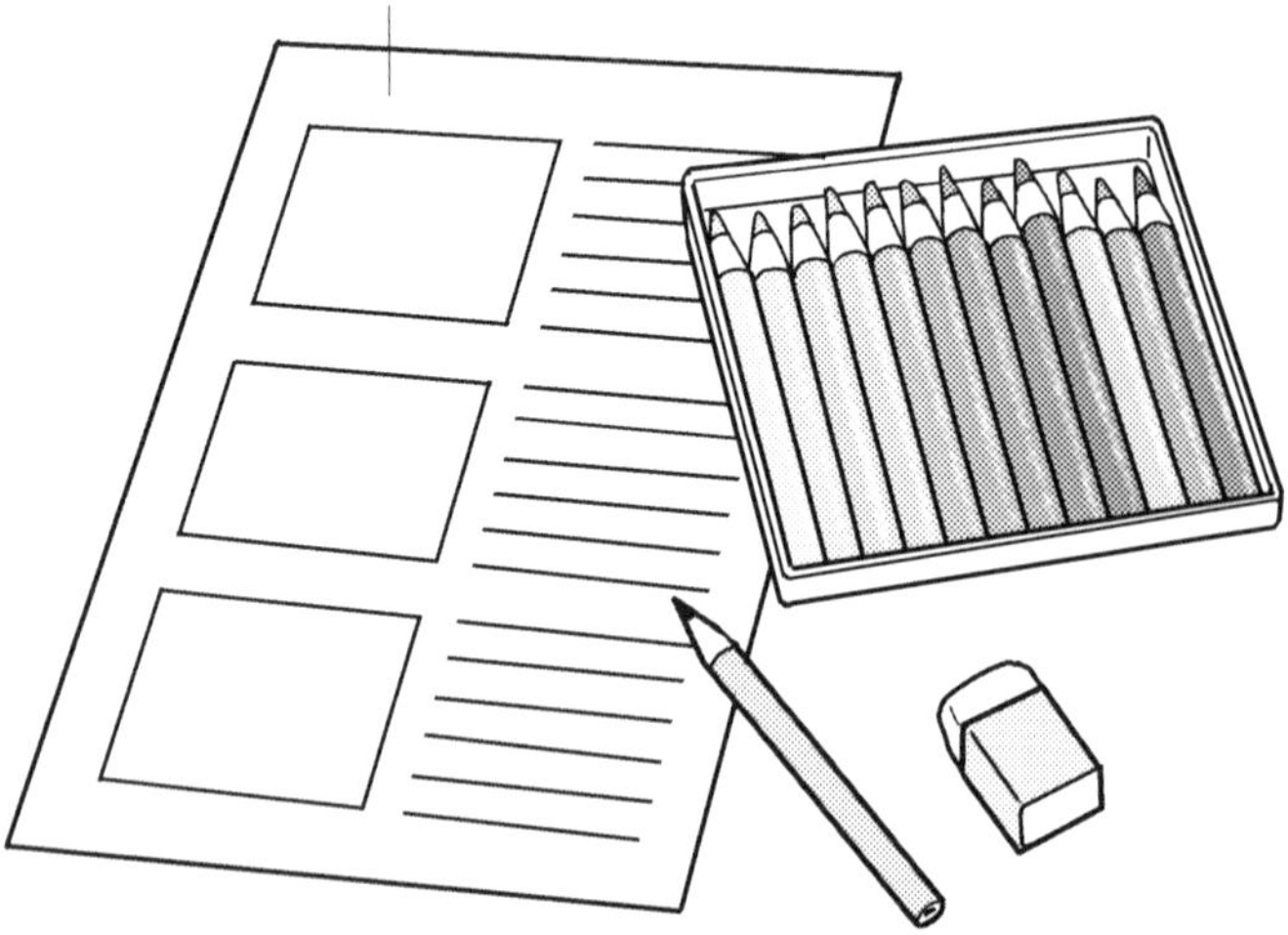

いずみ幼稚園ではこのイラストのような専用の用紙をたくさん用意している

❶お題を発表して説明する

お題を発表するのは大人（親、先生）です。たとえば先ほど挙げた表の1行目にある、「4匹目の子豚が建てた家」をテーマにするなら、

「狼《おおかみ》に襲われても平気なおうちは、どんな家だろうね？」

と、イメージしやすいように言い換えたり、かみ砕いて伝えてヒントを与えましょう。それ以上の余計な口出しは無用です。

❷絵を描く

制限時間を15分とし、子どもに自由に絵を描いてもらいます。輪郭を描き終わったら着色もしてもらいましょう。実際に描いてもらうと、

- **鉄でできた家を建てる**
- **周囲にすごく深い堀がある家にする**
- **家に、狼よりも強いワニやライオンを飼っておく**
- **家の扉に虎の毛皮を貼り付けておいて、なかにハンターがいると思わせる**

などなど、コロボンに勝るとも劣らない、子どもらしさ全開の発想が次々と出てくること

があります。ぜひ「面白い！」「すごいね」と驚き、ほめてあげましょう。

❸文章を書くように促す

書字を嫌がらない子には、説明も書き添えるよう促してください。ゆっくりで構いません。園の日本語教育（第4章参照）で文字になじんでいる園児たちでも、すらすらと書くことはできません。どの子もゆっくり鉛筆を動かして文字を書きます。

書字にチャレンジした時点で大成功ととらえて、見守りましょう。書き方がわからない場合は、メモ用紙に大人が文字を書き、それを子どもに写してもらう方法（詳しくは第30節参照）を用います。「教える」のではなく「気づかせる」接し方をしてください。

そうやって書いていき、絵や文章が未完成でも15分たったら必ず終了します。子どもの集中力は長続きしないので、ダラダラ続けるのはおすすめできません。いいかげんな作品を残すよりは、明日また頑張ってもらったほうがいいでしょう。

時間どおりに終われば、親も予定どおり次のこと（仕事や家事など）に移ることができるので、心残りがあっても終わったほうがいいのです。

『3びきのこぶた』はどんな家を建てれば狼が来ても大丈夫だと思う?
家のまわりに落とし穴をたくさん掘る!
えーとね~
いいね~ほかにもあるかな?
じゃあいまのアイデアを絵にしてみようね
できた!
すごいね!
そしたら絵の説明を文章にしてみよう!

家族同士ならより楽しくできる

どるふぃんアイデアマラソンで難しいのは、刺激的なテーマを考えることです。毎日続けるとなると365個のお題を考えねばならず、これがなかなか大変ですが、家庭で取り組むなら、身内をネタにするといろいろ思いつくかもしれません。たとえば、

「おばあちゃんに似合いそうな、まったく新しい服を考えてみよう」

「お父さんの仕事の鞄《かばん》に入っていそうなものを描いてみよう」

といったお題はどうでしょう。子どもが描いた作品を、あとで本人（この場合は、祖母や父）に見せて一緒に楽しむこともできそうです。

親子で・きょうだいで同じテーマについて描いてみて、できた作品を見せ合うのもおすすめです。発想の多様性を子どもに実感してもらういいチャンスになるでしょう。

コンクール形式にするのも一案です。園で「コロボン」をお題に出したときは、「園長賞」「努力賞」「画力賞」などを設けて園児に賞状を授与しました。そんな感じで「おじいちゃん賞」「ママからの特別賞」などをつくるのも一興。ぜひ試してみてください。

コラム

科学的に実証されたアイデアマラソンの効果

アイデアマラソンの効果を検証するため、園児を対象に樋口先生と共同研究を行ったことがあります。「トーランス式創造性思考テスト」という手法を使い、調査前の創造的能力を上位、中位、下位にわけて経過を見たところ、全体的に創造力が向上し、とくに下位グループの伸びが大きいという興味深い結果が出ました。

次ページには、前節の「保護者の声」で紹介したお子さんの「どるふぃんアイデアマラソン」の作品を掲載していますが、2019年（308ページ）と2021年（309ページ）を比べると、2021年のほうが絵がより明確になり、添え書きされた説明文も、字が整って内容も格段に充実していることがわかるでしょう。

小学校での学習の成果もあるでしょうが、毎日続けたアイデアマラソンも、この伸びを後押ししたに違いありません。

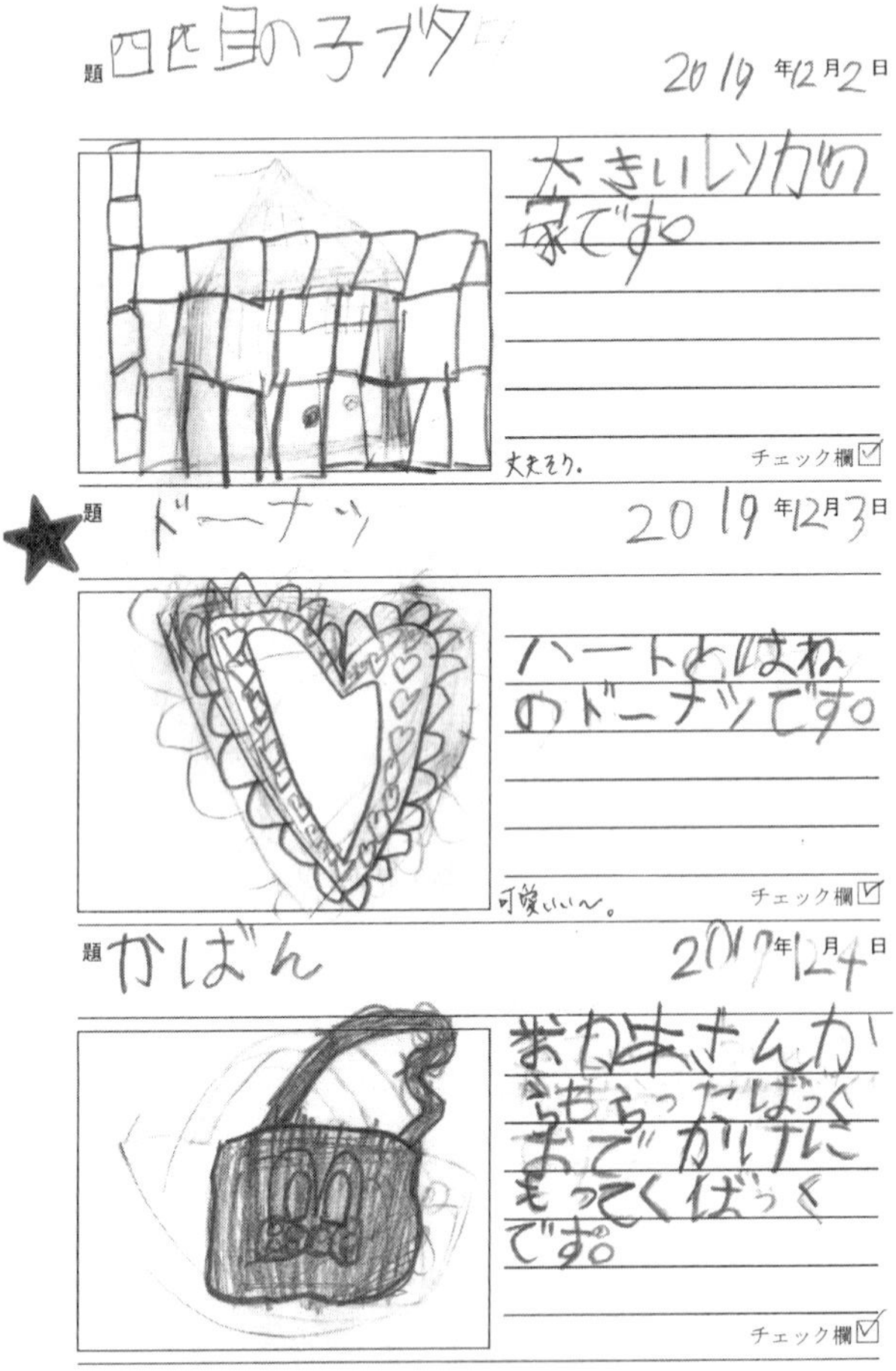
題 四匹目の子ブタ　2019年12月2日

大きいレンガの家です。

丈夫そう。

チェック欄☑

題 ドーナツ　2019年12月3日

ハートとはねのドーナツです。

可愛い〜。

チェック欄☑

題 かばん　2019年12月4日

おかあさんからもらったばっくおでかけにもってくばっくです。

チェック欄☑

数多くの消し跡から苦戦のほどが伝わる

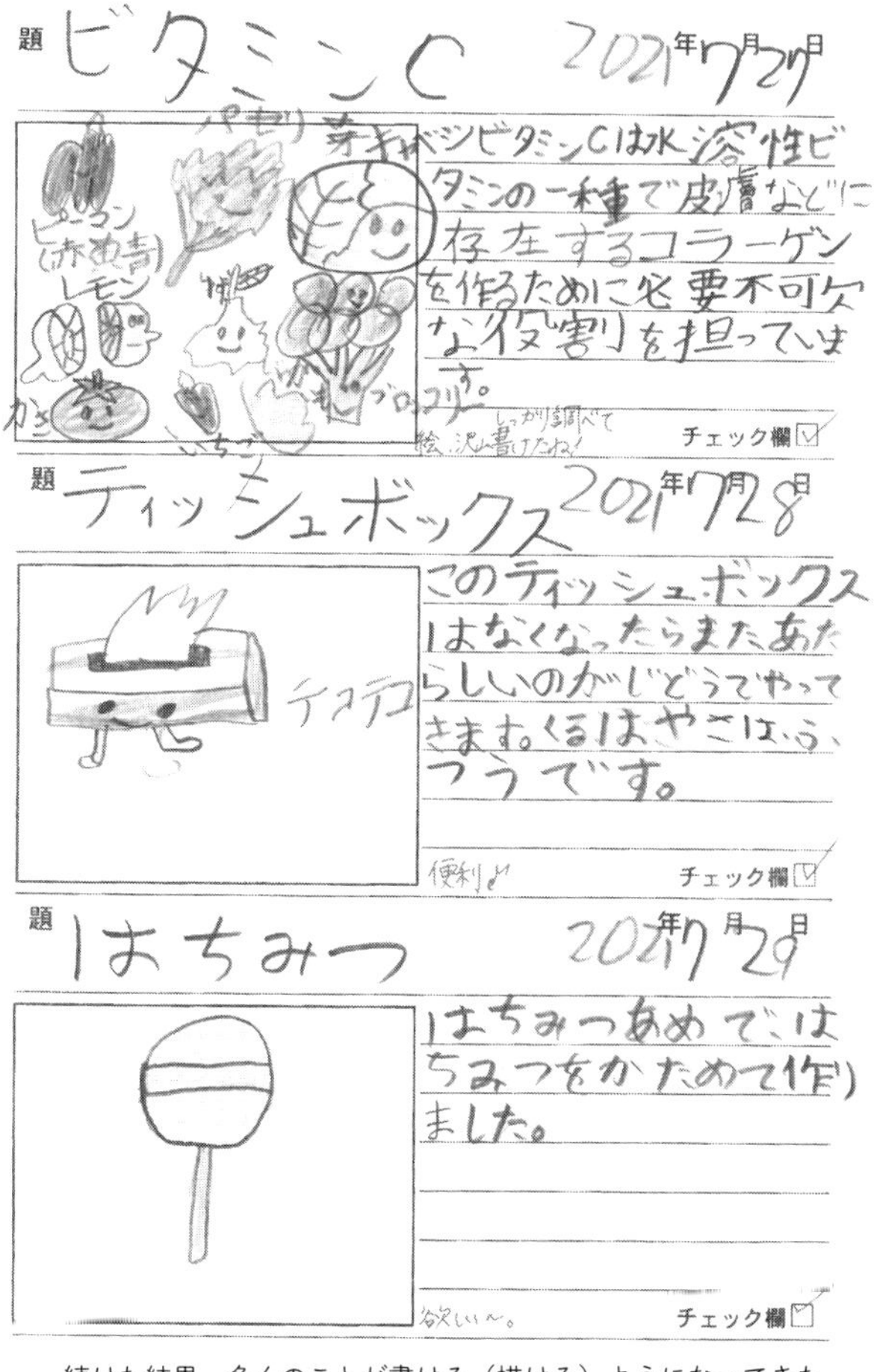

題 ビタミンC 2021年7月27日

パセリ 芽キャベツ ビタミンCは水溶性ビタミンの一種で皮膚などに存在するコラーゲンを作るために必要不可欠な役割を担っています。

ピーマン（赤黄青） レモン かき いちご ブロッコリー

しっかり調べて絵沢山書けたね！

チェック欄

題 ティッシュボックス 2021年7月28日

このティッシュボックスはなくなったらまたあたらしいのがじどうでやってきます。くるはやさはふつうです。

テクテク

便利♪

チェック欄

題 はちみつ 2021年7月29日

はちみつあめではちみつをかためて作りました。

欲しい〜。

チェック欄

続けた結果、多くのことが書ける（描ける）ようになってきた

（写真：いずれも保護者提供）

第6章

6

算数が好きな子に育てるには?

数を使う機会をとにかく増やそう

価格、時刻、重さ、量、住所や地名、そして人の名前にまで数字は使われますが、にもかかわらず、人は自然に数を覚えるわけではありません。

数は子どもが初めて出合う抽象的な概念で、子どもにとっては難しいものです。しかし、数がわかると重さや長さなど数字で表現されるものもわかるので、知識の質が向上し、身のまわりの世界をより具体的に理解できるようになる、という面白さもあります。

だからこそ、親には早いうちから数字教育に取り組んでほしいと思います。それが将来の「算数ぎらい・数学ぎらい」の予防にもつながるでしょう。

身のまわりにあるものを上手《うま》く利用すれば、子どもに数字の面白さを伝えるのは難しいことではありません。親子で楽しみながら挑戦してみてください。

41

親が数を使うところから始めよう

「数が理解できる」とはどういうことか

「いち、に、さん、し……」と数をたくさん数えられるだけでも子どもにはすごいことですが、それだけではまだ、「数をマスターした」と言うには不十分です。実は数の理解には、次の5つの段階があります。まずは、

①**数唱ができる**（言葉で「いち」「に」……と数を数えられる）
②**数量がわかる**（「1つ」「2つ」……と数えて個数を把握できる）
③**数字が読める**（アラビア数字を見て「いち」「に」……と読める）

これら3つを身に付ける必要があります。さらに、

④**順序数がわかる**（「右から2番目」「前から3番目」など、数字で正しく順番を理解できる）

⑤**集合数がわかる**（いくつかの物のなかに「リンゴが3つある」「野菜が2つある」など、数で物の多さや集まりの規模を理解できる）

というレベルまで達すると「数が理解できる」「数を使いこなせる」と言える段階になります。

親が「数を口に出して言う」のが第一歩

ところが、100まで数えられる子であっても、意外と数を理解しきれていない場合があります。

いつだったか、「前から3番目」と言われても理解できない小学生がいる、という話を聞いたことがありました。前述の④が身に付いていないのかもしれませんが、幼児期に数を体験しておけば、就学後そんなふうにつまずく可能性はきっと減らせます。

小さいうち、できれば幼稚園や保育園に通いはじめる前から、少しずつ親が数の扱い方を教えていきましょう。

最も簡単で、1歳、2歳くらいの子に対してもできるのは「数に触れさせる」ことです。数字は、日常生活のいたるところで登場しますが、チャンスを逃さず数字を使って子どもに話しかけることが、数を理解してもらう第一歩になります。

たとえば、子どもが公園で小石やどんぐり、松ぼっくりなどを拾って遊んでいたとします。そんなときは「わ〜、たくさん集めたね！」とほめるだけでなく、

「どんぐりを3つも拾ったね！」

と数で伝えたり、あるいは、

「松ぼっくりが何個あるか、お父さんと数えてみよう」

と声をかけて、子どもと「1個、2個、3個……」と数えてみましょう。

そんなふうに、**数唱する・数量を知る機会を意図的につくってあげてください。**簡単なお手伝いを頼むのもいいでしょう。たとえば子どもに、

「コップを3つ出して」

などと数で指示して、わからないようであれば一緒に数えてあげて、実際にコップを持ってきてもらう、といったこともおすすめです。生活のなかで大人が実際に数を使ってみせ、子どもにも使わせるのがポイントです。子どもにも使わせるのがポイントです。

わ〜！
どんぐり3つも
拾ったの!?
松ぼっくりが
何個あるか
お父さんと
数えてみよう
1個
2個
3個
コップを3つ
出してくれる？
ハーイ

いろいろな要素を盛り込んだ声かけを

遊びながら数字に触れる機会も積極的につくりましょう。

たとえば、子どもがミニカーで遊んでいるとします。床でミニカーが渋滞を起こしていたら、すかさず大人が、

「パトカーは前から5台目だね」（順序数）

と伝えて注意を向けさせたり、あるいはミニカーが並んで駐車しているのを指さして、

「ここに3台駐まってるね」（集合数）

と伝えるだけでも、子どもは大切な数の概念に触れたことになります。できるだけ頻繁に声をかけて教えてあげてください。

以上は就園前からでも始められることですが、**幼稚園・保育園に入ったら、数字が関係するカードゲームに挑戦です**。トランプなどは始めやすいのではないでしょうか。たとえば、7ならべ、ババ抜き、大富豪、ポーカー、ブラックジャックなどを親子で楽しむだけでも、子どもにとってとてもよい数の学びになるのは間違いありません。

おっ
パトカーは前から5台目か！
ここには3台駐まってるね
駐車場かな？
やっと9が出た

42

歩きながら親子で 数唱・計算

外には「知育教材」があふれている

街中にはいたるところに数字がありますが、子どもを数字に親しませたいなら、これを利用しない手はありません。たとえば外出したとき、子どもと次のような遊びをしてみてはいかがでしょうか。

●親子で一緒に「数字を読む」

たとえば団地の壁面には、「5」「10」など号棟の番号が表示されていますし、マンションの郵便受けには「201」「504」など部屋番号がついています。道端の電柱には、「55－

1」など、住所の番地が掲示されているでしょう。

　そういった数字を見つけて、「ご」「じゅう」……など、子どもと一緒に読み上げるところから始めましょう。読み上げるだけなら1～2歳からでも始められます。

●読めるようになったら「数字クイズ」に

　子どもが数字の読み方を覚えてきたら、今度はクイズ形式にしてみましょう。数字を見つけたら大人が、

「あの数字は何と読むか、わかる？」

「あれ、何て書いてあるのかな？」

と問いかけて子どもに答えてもらうのです。

　もしかしたら子どもは、「1200」など桁の多い数字を「いち・に・ぜろ・ぜろ」と読むかもしれませんが、最初のうちはそれでも「正解！」で構いません。いずれ折を見て、

「それも正しいけど、『せんにひゃく』と読むんだよ」

と、3桁、4桁、あるいはそれ以上の桁がある数字の読み方も教えてあげてください。

ちょっとしたことですが、これだけで子どもは、「数字の読み方」のほかに、

- **数字が生活のなかで使われているということ**（さまざまな表示などに使われる）
- **数字には、それぞれ役割があること**（同じ数字が、部屋番号にもなるし住所にもなる）

といったことに気づきます。この「気づき」が数概念の理解を促すのです。

車のナンバーで計算にトライ

数字を「読む」ことに慣れたら、簡単な計算へとステップアップです。1桁の足し算・引き算程度なら、子どもはすぐできるようになるでしょう。計算も、外出のついでにクイズとして出題すると楽しめます。

たとえば、「25 - 55」というナンバープレートをつけた車が目に入ったら、

「2たす5はいくつ？」

「5ひく5は？」

と、こんな具合に、**大人が思いつくまま問題を出してもいいし、逆に子どもから大人に出題してもらうのも面白いのではないでしょうか。**

計算クイズは、我が家でもよくやっていました。

たとえば一家でドライブに出かけて赤信号で一時停止したとき、前に停《と》まっている車のナンバープレートを私が指さして、

「あの数字は何て読むかわかる？」

「7ひく6はいくつかな？」

などなど、よく子どもに問いかけたものです。いつでも・どこでもできることですが、親子のコミュニケーションにもなるのでおすすめです。

前の車の
あの数字
読めるかな？
群馬 337
や 29-53

43

物を おはじき に置き換えて数える

なぜ「おはじき」がいいのか

子どもが数を覚えるときは、必ず具体的な「物」を数えるところから始まります。ですが、数は抽象的な概念なので、いつまでも具体のレベルにとどまっていてはいけません。子どもに数への理解を深めてもらうためには、物から離れていく必要がありますが、そこで役に立つのが「おはじき」です。

具体物であるにもかかわらず、どの1個を取っても見た目がそっくりな「おはじき」は、いわば〝半抽象的〟な玩具であり、具象から抽象へと子どもを導くには最適の教材です。

あらかじめ「おはじき」を子どもにたくさん与えておき、物を「おはじき」に置き換えて

数える遊びを子どもとしてみましょう。まずは家にあるものから始めます。たとえば、

「おうちにある絵本の数だけ、おはじきを集めてごらん」

と伝えて、子どもにおはじきを集めてもらい、親子で「いち、に……」と数えて答え合わせをしてみてください。

子どもが実物を持ってきて数えようとしてしまう場合は、外にある大きな物を数えさせるといいでしょう。たとえば、

「外を見てごらん。車が何台停まっているか、おはじきで数えてみよう」

「木が何本あるか、おはじきを使って数えてみない？」

などと声をかけて、手元で扱えないもの

窓から見える
木と同じ数だけ
おはじきを
並べてみよう

を「おはじき」で数えさせてみるわけです。

物を直接カウントするのではなく、**「おはじき」という半抽象的な代替物で「置き換える」という操作、そして視覚や触覚を通じて数える体験が、抽象的な数概念の理解を促します。**

数字カードを使って遊びを発展させる

「置き換えて数える」ことをくり返し、子どもが慣れてきたら、さらに次のような遊びへと発展させましょう。

まず、1~10までの数字が書かれたカードを大人が用意しておきます。そして、子どもの前に「おはじき」を10個置きます。

ここまでできたら、今度は大人が子どもに、たとえば「4」と書かれた数字のカードを見せます（カードを山にして置いておき、子どもが引いてもいいでしょう）。

カードの数字を見た子どもが、そこに書かれた数だけ「おはじき」を取り分けて大人に渡すことができれば正解です（この場合は、おはじきを4つ取り分けられたらOKです）。

早い子は3歳くらいからこの遊びができるようになりますが、ちゃんと正解が出せるようになったら、その子は抽象的な数概念を身に付けつつあるとみていいいと思います。

数概念を教えるための道具は、別に「おはじき」でなくとも、均一で数を揃《そろ》えやすい物であれば何でも構いません。1円玉でもいいし、おもちゃのブロックやマグネットでもいいのです。

ですが、入手のしやすさや、子どもにとっての扱いやすさ、そして数えること以外の遊びにも使えるなどのメリットを考えると、私はやっぱり「おはじき」を推薦したくなるのです。

44

数え方と助数詞で文化を学ぶ

数え方にはさまざまなルールがともなう

日本語にはさまざまな数え方があります。

たとえば、9までは「ひとつ、ふたつ、みっつ……」と数えますが、10は「とお」であり、「じゅっつ」ではありません。

また、車を数えるときは「1台、2台、3台……」というふうに「台」が使われますが、**このように数量を表す語のあとに続く言葉を「助数詞」といい、この使い方にも日本語特有のルールがあります。**

数唱ができる子でも、いざ実物を数えるときには「じゅっつ！」と言ったり、車を「1個、

2個……」と間違えたりしますが、これは正しい数え方や正しい助数詞の使い方を学んでいないために起こることです。その都度、大人が、

「『とお』と言うんだよ」

「家は『1軒、2軒』と数えるんだよ」

などと穏やかに教えてあげてください。

声に出して数える機会をつくろう

子どもに数字を読み上げてもらう遊びを前の節で提案しましたが、ときには具体的な動物や物を子どもに数えてもらう機会をつくりましょう。

たとえばサファリパークに行ったとします。象が群れているのが目に入ったら、大人のほうから「象さんを数えてみよう」と、子どもに〝お題〟を出してみてください。

もしも子どもが「1、2、3……」と数えたり、あるいは「1匹、2匹……」と数えたら、正しい助数詞を使って数えることを教えてあげましょう。つまり、

「象さんのような大きな動物は、『頭』を使って数えるんだよ」

と伝えて、親子で一緒に「1頭、2頭……」と数えなおしてほしいのです。
数え方や助数詞の間違いは意外と見つけにくく、「子どもだから」と大目に見ていると、いつまでたっても直らないことがあるので要注意です。

大きな動物は「頭」をつけて数えるんだよ
象さんが1頭
2頭

助数詞を正しく教える

日本には、

靴下は2つペアで1足、2足……
箸は2本ペアで1膳、2膳……
寿司《すし》は1貫、2貫……
魚屋に並んだイカは1杯、2杯……

と数える文化があります。正しい助数詞を教えることには、「言葉遣いを正す」と同時に、日本の文化を教えるという意味もあります。文化をないがしろにしてほしくないから、助数詞にはこだわってほしいのです。

子どもが間違ったら直すのは大事ですが、その一方で、大人が率先して正しい言い方を聞かせるように心がけましょう。

たとえば毎月「8日」になったら、大人のほうから、

「今日は『ようか』だね」

などと声に出して日付を読んであげましょう。**子どもは耳からの情報に敏感なので（聴覚優位）、くり返せば正しい言葉遣いが確実に浸透していきます。**

小学校で計算問題の解答欄に「12つ」と書いた子がいた、という話を聞いたことがありますが、我が子がこんな間違いをしないよう、早めに教えてあげてください。

45

分数・小数は生活のなかで学ぶ

小学校でつまずく原因になるかも

小学生のころ、小数や分数の理解に苦しみ、算数でつまずきを感じた読者もいることと思います。

現在の小学校のカリキュラムでは、小数は小学3年生で、分数は小学3年～6年の3年間で段階的に学ぶことになっています。

意外と多くの時間が割かれているように見えますが、それでもつまずく小学生がいるのはなぜでしょう。おそらく、小数、分数によって子どもが理解している「数の世界」が崩れてしまうからではないでしょうか。

子どもはまず自然数（1、2、3……といった、日常で最もよく使われる数字）を学び、それが数のすべてだと信じ込んで育ちます。

ところが小学3年生になったある日、学校でいきなり「1・6」「$\frac{2}{3}$」など、自然数と自然数の間に実は何かがあると知らされるわけです。**その子のなかにあった数の世界が否応《いやおう》なく変容を迫られるわけで、だからなかなか理解できない子が出てくるのでしょう。**

分数を教えるなら食べ物で

また、自然数は具体物と対応させやすく、その意味で理解しやすいわけですが、小数や分数となるとなかなか対応させにくいことも、理解の妨げになっているものと思われます。たとえば「みかん1個」は誰にでも想像できますが、「みかん$\frac{1}{8}$個」とか、ましてや「みかん0・7個」などと言われると、大人でもイメージしにくくなるので、子どもが混乱するのも無理のない話でしょう。

ですが、幼児期に小数・分数を体験させておけば、就学後に授業で教わったときにも、つまずくことなく理解できるに違いありません。

では、子どもにどうやって小数、分数に触れてもらえばいいでしょう。

私はあくまでも日常生活のなかで小数、分数に触れて、くり返し「体験」してもらえば十分だと思っています。

分数は、私たちの身のまわりにいくらでもあります。

たとえば、スーパーでよく売られている「6Pチーズ」は優秀な〝教材〟です。円を6つに切り分けたかたちをしているので、これを子どもに見せて、

「6つに分けたうちのひとつを『6分の1』と言うんだよ」

と分数を教えることもできますし、

「3つでちょうど半分になるね。2つに分

けたうちのひとつぶんと同じだから、『2分の1』とも言うよ」

と、約分に触れることもできます。

誕生日にケーキをホールで買う機会があったら、親が、

「家族4人だから、4等分。4分の1ずつに分けるよ」

と教えてもいいし、

「お母さんはダイエット中だから、4分の1を半分にして、8分の1にしよう」

と、子どもの前でケーキを切っていくのもおすすめです。

切ったケーキが目の前にあれば、「4分の1」と「8分の1」の違いを目で見て知ることができるでしょう。

小数の〝教材〟も生活のなかにある

日常生活のなかには、小数もたびたび登場します。

- **身長**
- **体重**
- **温度（気温や体温）**
- **靴のサイズ**

などはいい例で、これらもぜひ、〝教材〟として利用するといいのではないでしょうか。

まず、子どもに体重計に乗ってもらいましょう。仮に、「18・5kg」という結果が出たとします。そこで大人が小数を端折《はしょ》らず、

「○○くんは、18・5kgだから、18と19のちょうど真ん中だ。大きくなったね！」

と声に出して教えてあげてください。

できれば目盛り式の体重計を使うことをおすすめします。デジタル体重計も悪くはありませんが、目盛り式なら、目盛りを見るだけで子どもでも「18・5」が「18」と「19」のあいだの数字だと理解できるからです。

あるいは、家にある「はかり」で物の重さを子どもと一緒に量ってもいいし、身体測定のときに測った身長を伝えたり、お父さんと靴のサイズを比較してみたり……といった遊びもおすすめです。

子どもの好みを利用してもいいでしょう。たとえば野球好きな子は、「打率　○割×分△厘」という言葉を一度は耳にしているでしょうから、

『3割バッター』というのは、10回のうち3回はヒットが打てる選手なんだよ。すごいよね！」と親が教えてあげれば、子どもの興味を上手く惹《ひ》けるかもしれません。

とにかく、早く小数、分数の存在に気づかせてあげてください。親子で一緒に探索すれば、楽しく学べるはずです。

楽しく取り組めるなら知育パズルも

小数や分数に関しては、子どもが喜んで取り組むようであれば、知育教材を導入するのもおすすめです。

たとえば「分数パズル」（くもん出版）を使えば、〈10分の1は10集まれば1になる〉〈3分の1は4分の1より大きい〉など、分数についてより詳しく学ぶことができます。

ですが、子どもに小数や分数を「理解させよう」と焦る必要はありません。子どもが**生活のなかで小数や分数というものを体験することで、「なんとなく知っている」状態になればもう十分。**小さなことですが、そのような体験の積み重ねこそが大事です。

小学校で小数や分数を習ったとき、幼児期に積み重ねた体験と教科書の内容が頭のなかでつながれば、理解は一気に進みます。たくさん体験させておけば、子どもは勝手に「あと伸び」するのです。

それにしても、チーズやケーキで準備学習ができるのですから、これほど〝おいしい〟話はないと思いませんか。ぜひ今日からでもやってみてください。

46 「100玉そろばん」を使って計算遊び

なぜ「100玉そろばん」がいいのか

数の学習をするうえで便利なのが「100玉そろばん」です。この教具をおすすめするのには、それ相応のわけがあります。

まず、「100玉そろばん」を使えば、子どもでも数を「見て」理解できます。**玉を2個動かして数を教えれば、初めて数概念に触れる子でも、「2」が何を意味するか直感的にわかるでしょう。**平面的な絵や口頭で伝えるよりも優れた教え方です。

また、仕組みが単純なので子どもでも操作でき、玉を動かすと「カチッ、カチッ」と音がするのも「100玉そろばん」のいいところ。**視覚のみならず、触覚、聴覚まで動員した「多**

トモエ算盤

感覚を用いた学習」ができます。

子どもはめずらしいものが好きなので、リビングにでも「100玉そろばん」を置いておけば興味津々《しんしん》で触りはじめるに違いありません。

最初は大人が少しだけ、数について教えてあげて、あとは子どもに好きに遊ばせましょう。面白半分で玉を「5」とか「7」など集めるだけでもいい学びになります。

園で使っている100玉そろばん（トモエ算盤製）。これは指導用で、一列に10個の玉があり10段あるので100までの数を数えられる。玉が赤と黄で着色されたものも販売されている

20玉そろばん

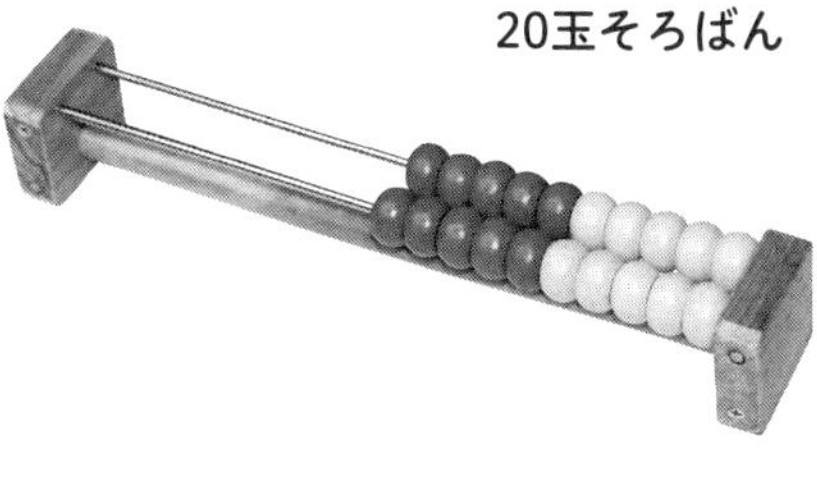

ほかにも25㎝四方程度のサイズの100玉そろばんや、幼児用の20玉、10玉のそろばんがある。すぐ上の写真は20玉の製品（写真：トモエ算盤株式会社提供）

もちろん、子どもが嫌がらないようであれば、親がどんどん教えてもいいと思います。大人がリズミカルに玉を動かすと、玉同士がぶつかる音が歯切れよく響き、それだけで楽しくなってくること請け合いです。

みるみる広がる「数を使った遊び」

ここで参考までに、使い方の一例を挙げましょう。「100玉そろばん」はいろいろな楽しみ方ができますが、ぜひ試してほしいのは、次のような遊びです。

●単純に数えて遊ぶ

これは子どもが何歳からでも始められます。

親子でひとつずつ、順番に玉を動かしていきましょう。単純に10まで数えて終わり……でもいいのですが、玉が10ずつの列になっているのを活《い》かして、たとえば、

- **2つとびで「2、4、6、8、10、12……」と数えながら玉を動かす**
- **5つとびで「5、10、15、20、25、30……」と数えながら玉を動かす**

といったことまでしてみせると、子どもにとってはいっそう面白い遊びになります。かけ算の導入としても役に立つでしょう。幼児でも直感的に十進法の仕組みがわかるので、この遊びはおすすめです。

●足し算、引き算（数の合成、分解）を見せる

100玉そろばんを使えば、数の「合成」「分解」を簡単に教えることができます。

「1と9で10、2と8で10、3と7で10……」（数の合成）

「10は1と9、10は2と8、10は3と7……」（数の分解）

などと親子で口に出して唱えつつ、そろばんの玉を動かして見せれば一目瞭然。親が何度か操作してお手本を示せば、子どもはすぐパターンを覚えてしまうでしょう。

「合成」「分解」に慣れてしまえば、「足し算」「引き算」はすぐできるようになります。その意味で、「10」の合成・分解とその多様なパターンを体感しておくことには、準備学習として大きな意味があると言えます。

また、就学後、算数で子どもが最初に直面する難関は「繰り上がり」「繰り下がり」のある計算ですが、「100玉そろばん」を使えば実演によって原理を簡単に説明できます。

就学前に九九まで教えられる

ちなみに園では100玉そろばんを使ってかけ算の九九まで教えており、次のようにカリ

キュラムを組んでいます。

- **2歳　30までの数唱**
- **3歳　100までの数唱**
- **4歳　9までの合成と分解、2つとび、5つとび、10とび**
- **5歳　10の合成・分解と足し算・引き算、九九の暗唱**

九九を教えるときは、たとえば2の段なら先生が「にいちがに、ににんがし……」とリズミカルに唱えながら、そろばんの各段の玉をふたつずつ、端へ寄せていきます。

すると、玉の動きによって「2×2」「2×3」などの計算が視覚化され、同時に耳からもインプットされます。「100玉そろばん」を使えば、頭で覚えるのではなく、かけ算を五感で「感じて」身に付けることができるのです。

言葉によらずとも計算の原理を伝えられるのは「100玉そろばん」ならではの強みではないでしょうか。算数を教えるとき、これほど役立つ道具はなかなかないと思います。

【追記】園での使い方とは異なりますが、100玉そろばんの製造元も使い方や遊び方を紹介しているので参考までに一部を掲載しておきます。

47 1円玉でお小遣いをあげて数を使わせる

大量の1円玉でお小遣いをあげた日

息子が5歳のとき、私はこんな方法で「お小遣い」をあげたことがあります。

まず銀行へ行って紙幣を両替して、1円硬貨を大量に用意しました。5000枚はあったと記憶していますが、その1円玉を贈答用のクッキーが入っていた缶(30㎝四方×高さ5㎝くらいの大きさのもの)に入れて、息子にこう言いました。

「この1円玉の束を缶のなかにあけて数えてごらん。数えたぶんだけ自分のお小遣いにしていいよ」

5歳にもなれば、子どもだって「お金とは何か」がわかっています。

すでに駄菓子屋でお菓子を買うようになっていた息子は、「お小遣い」と聞くや喜んで数えはじめました。

子どもが何枚数えられたか、いまとなっては忘れましたが、この「1円玉お小遣い」を家で何度か試してみたのは、いまでもよく覚えています。

「両替」「貯金」を体験するチャンスに

お金のなかでも**1円玉は、枚数と金額が一致しており（1枚＝1円）、「おはじき」よりも安価で、かつ子どもでも扱える大きさなので、数概念や計算を教えるにはもってこいの〝教材〟だと言えます。**

だから私は子どもに1円玉を与えたのですが、頑張って数えれば得する（お小遣いが増える）とわかっているから、子どもも俄然《がぜん》、やる気になりました。

もちろん〝お金をあげて終わり〟なんて芸のないことはしません。あわせて、次のような工夫もしてみました。

①両替を体験させる

数えた1円玉を子どもに10枚ずつの山にしてもらったり、子どもから要望があったときは10円玉や100円玉に換えてあげました。

この「山にする」「両替」という活動を通じて、子どもは自然に十進法の仕組みや単位を理解していったようです。

②貯金する

お小遣いを親が預かるのではなく、子ども専用の貯金箱を用意してそこに貯《た》めてもらいました。貯蓄する感覚を養ってほしかったからです。

いまになって振り返ってみると、早くからお金に触れさせ、**②の貯金するところまでを後押ししたことが、結果として健全な経済感覚の育成にもつながっていました。**

実物のお金以上に優れた金銭教育の教材はないようです。ちょっと手間はかかりますが、このような現金を教材に使った教育も「あり」ではないでしょうか。

わ〜！1円玉がいっぱいある！
数えながらそっちの缶に移してごらん
数えられたぶんだけあげるよ！
40枚数えた！
お〜！
じゃあそれを10枚ずつにわけてごらん
10円玉に両替してあげよう
大切なお金だからこの貯金箱に入れておこうね
いっぱい貯めたいな〜
俊也の貯

その後わかったことですが、現金を教育に使っていたという家族は、ほかにもありました。ある家庭では、ただお金を貯めるだけでなく、

- **お小遣いをもらうたびにいくらもらったかノートに記録する**
- **貯金箱からお金を出して使ったら、収支を計算して記録する**

といった「銀行遊び」までしていたそうです。こういった方法も楽しみながら試してみるといいかもしれません。きっと金銭管理の習慣が身に付くでしょう。

こんな時代だからこそ早期に金銭教育を

日本人はお金について語るのを憚《はばか》る傾向があります。

ここまで書いたことを読んで、子どもにお金を触らせるなんて……と、眉をひそめた方がいるかもしれません。

しかし、親であれば、いつかは子どもに金銭教育をしなければいけないのです。学校のカリキュラムには「算数」「数学」があります。また、高校の家庭科には「金融教育」が盛り込まれました。ところが、その基礎となる「お金の扱い方」を教える科目はありません。

近年は小学生がネットゲームにお金をつぎこむ「ゲーム課金トラブル」も増えています。

そう考えると、就学前からの金銭教育はむしろ「適時教育」と言えるのではないでしょうか。

ただし、夢中になった子どもの力を侮《あなど》らないようにしてください。もしかしたら、すぐ「1万」「2万」あたりまで数えられるようになるかもしれません。

成長は嬉《うれ》しい、でも懐《ふところ》は寂しい……なんてことにならないよう祈ります。

48 買い物で数字を使う体験を積む

自分で使ってこそ理解できる「お金の意味」

知識は実生活のなかで使ってこそ、深い理解につながるものです。子どもが数に十分親しんだら、ぜひその知識を「使う」機会を提供してあげましょう。お金を使う機会は、社会を直《じか》に知る機会にもなります。

私のおすすめは、「少額の買い物」です。**たとえば親子で買い物に行ったとき、子どもに100～200円ほど与えて好きな物を買ってもらう、というところから始めてみてください**（前節で紹介した「1円玉お小遣い」で得たお金であれば、なおいいでしょう）。

小学生のとき、駄菓子屋に遠足のおやつを買いに行った経験のある人は多いと思いますが、いずみ幼稚園でも、遠足のときは各家庭で200円以内の「おやつ」を用意してもらいます。目的はもちろん、子どもに「少額の買い物」を体験してもらうことにあります。

いまどき、100円や200円では多くの物は買えませんが、むしろねらいはそこにあります。限度額が厳しいことは幼稚園児でもわかるので、子どもたちはみんな、

〈何が買えるかな？〉

〈これとこれを買うとオーバーしちゃうかな？〉

などと必死で考え、ときには親に尋ねたりもします。このように**買い物は、金銭教育のいい機会ともなれば、親子間のコミュニケーションのきっかけにもなります**が、もうひとつ大切な意義を見逃してはいけません。買い物を終えるまでに子どもは、

- **何が欲しいか考え**（思考）
- **何を買うか決め**（選択）
- **ほかの物は我慢し**（自制）
- **最終決定を下す**（判断）

といったふうに頭をフル回転させています。こんな経験ができる活動は、買い物のほかにそうはありません。

「小銭で経験を買う」つもりで

子どもが何を買うか迷っていても、親は口出ししないようにしましょう。

ある程度数を理解した子には、「値札に価格が表示されていること」や「値札の読み方」など、最低限のことだけを教えるにとどめてください。

200円しか持っていないのに1000円の商品を買おうとするなど、極端な場合以外は本人に選ばせます。

つまらない物を買って失敗するかもしれませんが、**小銭で将来につながる経験を買うのだ**と思って、大らかに見守ってあげてください。

コラム

子どもの愉快な失敗体験

ある家庭では、「200円」という制限があるなかで、子どもが110円の巨大なペロペロキャンディーを購入しました。どうやら、絵本『はらぺこあおむし』に登場するキャンディーの絵を見て、〈いつか食べたい!〉と思っていたようです。

親はそのとき、初めて子どものあこがれを知ったそうですが、我が子の思わぬ一面が垣間《かいまみ》見えるのも、買い物の面白いところです。

この話にはオチがあります。

購入したペロペロキャンディーは意外ともろく、子どもが舐《な》めているうちにパキッと割れて、地面に落ちてしまったのです。落下する直前、一部は手の平で受け止めることができましたが、それでも大部分は地べたに落ちてしまい、子どもは絶句。食べることができたのは半分以下で、最後に得をしたのは蟻《あり》だけでした。

第7章

7

運動好きな子に育てるには?

スモールステップで進歩を実感させよう

幼児期の運動については、2つのタイプの取り組みが必要です。ひとつは「自由な運動遊び」で、いろいろな動きを試すなかで、子どもたちは「コーディネーション能力」（イメージどおり体を動かす力）をはじめとする運動能力を伸ばしていくことができます。

ただ、自由放任ではなかなか伸びない子もいます。ですので自由に遊んでもらうだけでなく、あわせて「目標を立てて取り組む運動」にもチャレンジさせて、運動能力の発達を大人が後押ししてあげなければいけません。これが2つ目の取り組みです。

この章では園で目標を立て、カリキュラムの一環として行っている運動を中心に書きますが、ひとつでも2つでも、家庭で取り入れてもらえれば幸いです。

49 運動は真似から始めよう

まずは手指を動かすところから

生まれたばかりの赤ちゃんは立つことも歩くこともできませんが、生後2〜3週間もすると、もう親の動きを真似《まね》しようとします。

この原始的な模倣行動は「ミラーニューロン」という脳細胞のはたらきによるものと言われていますが、運動は、まさにこの「真似」から始まります。

大人の運動を真似すること、すなわち「真似ぶ」ことが、子どもには「学ぶ」の原点です。

ですから赤ちゃんには、ただ話しかけるだけでなく、

・口を開ける、閉じる

●舌を出す、引っ込める

というふうに、いろいろな表情をしてみせてあげてください。大人が赤ちゃんの目の前に手を出して、握ったり開いたりするのもいいでしょう。そして真似する様子が見られたら、しっかりほめてあげます。たとえ言葉が理解できなくても、ほめることで、

真似する↓大人に喜ばれる↓気持ちいい

という感覚がパターンとして身に付きます。

反応が薄い場合は、赤ちゃんをじっくりと見つめてその動きを待ちながら、たとえば「顔に触れる」「手を握る」「指を1本ずつ伸ばして離す」といったかたちで、赤ちゃんの動きを手助けしてもいいと思います。

全身から末梢へと広げていく

首が据《す》わり、寝返りができるようになったら、赤ちゃんの全身を動かしてあげましょう。

たとえば、

- **仰向けに寝た子を左右にやさしく転がす**
- **寝転んだ状態で足を持ち上げる**
- **タオルでハンモックをつくって、ごくゆっくりブラブラ**

といった程度なら、すぐできるはずです。たわいのない遊びばかりですが、それでまったく構いません。動くことで三半規管の発達が促されてバランス感覚が整い、それが後々、立つ・歩く・姿勢を維持するといった運動へとつながります。

「お座り」ができるようになったら、手を使う遊びを取り入れましょう。第5章で触れた「手遊び歌」を子どもと楽しむのもいいし、もし指先に十分な力があるなら、

- **ボールをつかむ・離す動作をさせる（フカフカのボール、カラーボールなどいろいろ試す）**
- **親が指で〝オッケー〟の印をつくって、真似させてみる**
- **親指と人差し指で「つまむ」遊びをする（小さなブロックや積み木など、何でもいい）**

小さな物を子どもに触らせるときは、誤って口に入れないよう親が注意してあげよう

など、指を使う遊びを取り入れてみてください。「手は体から出た脳」とも言われますが、指を動かすことで脳が刺激され、その発達が促されます。

「つまむ」動作は専門的には「精密把握」と呼ばれますが、手全体から指へ、さらには指2本だけを使った動きへと細かくしていくことで、子どもは徐々に自分の体を上手《うま》く動かせるようになっていきます。それが「運動神経がよくなる」ということです。

ただし、つまんだものを誤って口に入れないように、大人が気をつけてあげてください。おもちゃのお皿を置くなど、つまみ上げたものを置く場所を決め、遊んでいるときは目を離さないようにしましょう。

いろいろな方法を紹介しましたが、「完璧にやろう」「全部がんばろう」と気負う必要はまったくありません。

まずは子どもに触れて体を動かしてあげたり、親子で遊ぶことで「体を動かすのは楽しい」と感じられれば十分です。あとはこの節に書いたことのなかから、あるいは他の育児書なども参考にして、無理なくできることをやってあげましょう。

コラム

運動は脳の発達にも有益

運動は子どもの脳の発達にも有益です。たとえばアメリカ・シカゴのネーパーヴィル203学区にある各学校（小学校、中学校、高校）で、授業開始前の朝の時間帯に「0時限」として運動を取り入れた結果、世界的に行われる学力調査（TIMSS）で、理科の成績が世界一になったそうです。

日本でもベストセラーとなった『脳を鍛えるには運動しかない！』の著者であるジョン・J・レイティ医学博士は、運動をすると脳のなかでBDNF（脳由来神経栄養因子）が分泌され、ニューロンやシナプス、毛細血管が新しく生まれることで脳の機能が高まり、精神疾患の予防や治癒にもつながると述べています。

大人も子どもも体の仕組みは基本的に同じようなもののはずです。したがってここから、運動は子どもの「脳育て」にもつながるといえるのです。

50

運動の基本は自分の足で 歩く こと

人はどんなプロセスで歩けるようになるのか

子どもの運動は「ハイハイ→歩く→走る→跳ぶ→蹴る」という順で発達しますが、このなかでとくに大事なのは「歩く」です。**二足歩行によって自由に移動できるようになり、かつ手が空いて「できること」が増えると、子どもの世界が一気に広がる**からです。**移動の自由は自尊感情を育むことにもつながります**。最近は、子どもがかなり大きくなってからもベビーカーを使う家庭があるようですが、それではいけません。子どもの「歩きはじめ」を促し、歩く機会をたくさんつくってあげましょう。

歩行を促すため、ハイハイが始まったら次のイラストのようにしてみてください。

つかまり立ちや伝い歩きができるようになったら、長い距離を歩けるようにステップアップしていきます。

●親が子どもの手を持って歩く（**背後から、または向かい合って。できるほうでよい**）

●つかまり立ちしている所から1～2歩離れた場所で親が手を広げ、来るように促す

こういったことも試してみてください。

腰を少し持ち上げて脚を内側に入れ膝で立った状態にする

片足ずつ床に押しつけて重心移動を体感させる

いろいろな歩き方をしてみよう

子どもが歩けるようになってきたら、今度は「正しい歩き方」を教えます。

①背筋を伸ばして前を見る
②腕を振る
③手と足を交互に前に出す
④かかとから着地し、拇指球《ぼしきゅう》で蹴る

という歩き方を、まずは親がして見せて、一緒にやってみましょう。

もっと歩けるようになってきたら、遊びの要素を取り入れて、歩行の精度を高めていきます。

たとえば、次のような「ルートをたどる」アクティビティはおすすめです。

●線の上を歩く

２本の線を真っすぐに引いて、その上を歩きます。

端から端まで歩いたらUターンし、速く歩く、ゆっくり歩く、横歩き、後ろ歩きなども試して調整力をつけましょう。

●円周上を歩く

丸くぐるっと歩いて、同じ場所に戻ります。大きな丸から小さな丸、時計回り、反時計回りなど、いろいろな歩き方に挑戦してみてください。

同じ場所に戻ろうとすることが、空間認知能力を高めます。

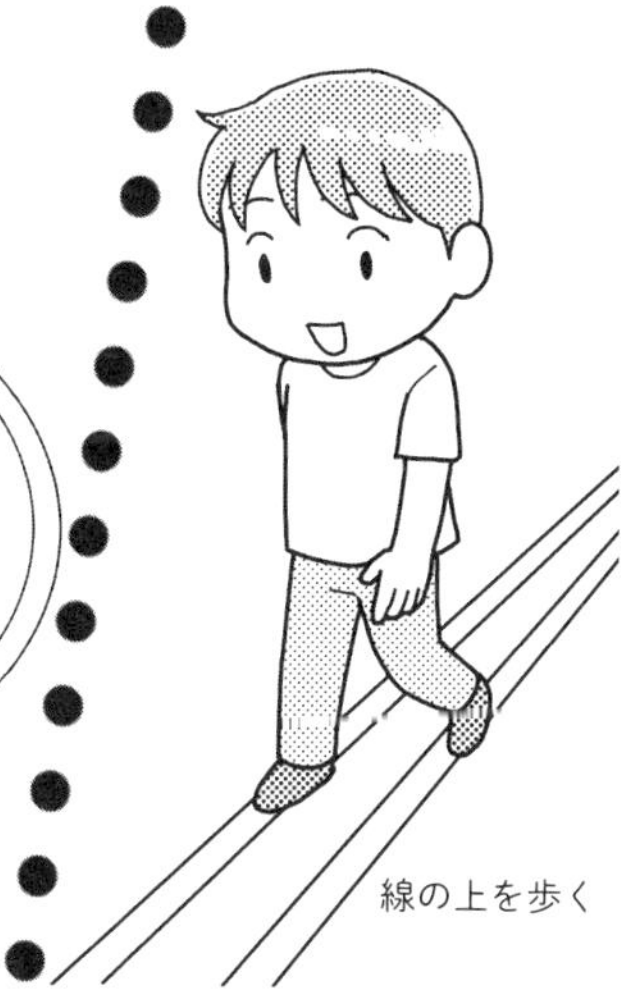

線の上を歩く

円周上を歩く

●階段の昇り降り

2歳くらいになると、階段の昇り降りができるようになります。階段では自然とつま先を使って歩くことになるので、階段昇降は下肢の動きを細かく調整しながら歩くとてもよい練習になります。

スリルのある遊びにも挑戦

2歳を過ぎ、いよいよ歩行が整ってきたら、今度は走る・ジャンプするなど、もっと複雑で、できればちょっとスリリングな運動に挑戦します。

スリルのある運動をする子どもの意識は自然と体に集中し、全身の動きに敏感になりますが、そうやって自分の体をイメージどおりに動かす「コーディネーション能力」が身に付いていくのです。

たとえば、遊具のある、できるだけ広い公園に子どもを連れて行ってください。あるいは、芝生の丘や整地されていない広場などでもいいでしょう。そして、

- **斜面を駆けあがる、駆けおりる**
- **片足でケンケンして移動**
- **ブランコや滑り台で遊ぶ**
- **飛びおりる（道路の縁石や階段1段ぶんくらいの高さから）**

といった、ちょっと複雑で刺激的な運動にトライします。親子で一緒にやるもよし、もしかしたら子どもが勝手に始めるかもしれません。

あまりに危険な場面では子どもを制止することも必要ですが、少々スリルがあるほうが運動能力は伸びるものです。大人が加減してあげましょう。

51 目標を決めて子どもの運動有能感を刺激する

こんなにある！　目標を決めるメリット

子どもに運動に取り組んでもらうなら、ぜひ達成回数などの具体的な「目標」を掲げて行いましょう。そうしたほうがいい理由を説明する前に、まず私たちの実践を紹介します。

いずみ幼稚園では、次のような目標のもと、園児たちに運動にチャレンジしてもらっています（いずれも卒園までに達成する目標です）。

- **縄跳び……………前跳びで連続100回跳べる**
- **鉄棒………………逆上がりができる**

- 水泳…………クロールで15m泳げる
- 跳び箱………4段跳べるようになる
- マット運動…前回り、連続前転、そして後転がきれいにできる

こんなふうに数字まで使って目標を決めるのは、子どもをノルマで縛るためではありません。測定可能にすることで、子どもでも進歩がわかるようにしているのです。

目標を設定することで生まれる3つの効果

では、なぜわざわざ仰々《ぎょうぎょう》しく目標を掲げるのでしょうか。実は目標が設定され子どもと共有されるだけで、運動に次の3つの効果が期待できるようになるからです。

●子どもの自主性を育てる

目標があれば、子どもは自然と〈できるようになりたい〉と感じて自ら練習を始めます。少し上達すると、今度は〈もっと上手《うま》くなりたい〉とさらに練習に打ち込む子や、自分に合っ

た練習を工夫しはじめる子まで出てきます。

目標が設定されていると、このように子どものなかに自発性が芽生え、伸びていくのを後押しできます。

●「ほめる」機会を見つけやすい

目標があると、それを達成したあとはもちろん、達成する過程でも、大人は「ほめる」ポイントをたくさん見つけることができます。

たとえば、ひとりで黙々と縄跳びを〝自主練〟する子がいたとします。そこで大人が、

「すごい！」

「がんばってるね！」

「もうちょっと！」

と声をかけるだけでも、子どもはきっと喜ぶでしょう。このように、目標があるだけでコミュニケーションの機会が増えるのです。

●子どもの自己肯定感が高まる

目標をクリアすると、〈自分にもできた！〉という感覚が得られます。それが達成感ですが、くり返し達成感を得ることで子どもの内面には〈きっと上手くいく〉という自信（自己効力感）が養われます。

この自己効力感こそ、自己肯定感（何かができる／できないにかかわらず、無条件に自分の価値を認められる感覚）の礎《いしずえ》であり、子どもの「生きる力」にほかなりません。

幼児期に特有の「運動有能感」を活かそう

目標がたくさんあるのを見て〈子どもが嫌がるのではないか〉〈負担にならないか〉と心配になった読者がいるかもしれません。

ですが、園で掲げている目標は、どれも決して難しいものではないのです。実際、毎年9割以上の子がすべての目標を達成して卒園していきます。

もちろん、人によって得意・不得意があるので、未達の目標が残ることもあります。しかし、**目標が複数あれば「跳び箱はできなかったけど、縄跳びはできた」といった具合に、どの子も必ず何かひとつは達成できます。**

達成できなかった目標についても、たとえば「縄跳び100回はできなかったけど、90回まではできたね」と、子どもの努力を具体的にほめることができます。

ほめるだけでなく、「次は必ずできる！」と励ませば、子どもは挑戦する勇気を失わずにすむでしょう。わざわざ多くの目標を設定した意図はそこにあるのです。

3〜4歳くらいの子は「運動有能感」（自分は運動が得意だ、という感覚）が高く、体を動かしたいという意欲に満ちています。**幼児は遊びと学びを区別しないので、目標があると子どもはかえって「やりがい」を感じて、嬉々《きき》としてチャレンジします。**

子どもは成長意欲の塊で、〈友達ができ

るなら自分もできるようになりたい！〉と素直に感じられることも進歩を促します。

「上手くなっている」と実感させよう

ただし、大人が子どもに目標を与えただけでは達成できません。**必ず目標の下に〝小目標〟を設定して、子どもが〈できた！〉と実感し、さらに意欲的になれるようにしましょう。**スモールステップで進歩を感じられるようにするわけです。

園での実践を紹介しましょう。たとえば縄跳びについては、クラスに園児全員の名前が書かれた「頑張り表」を掲示して、節目ごとに先生がシールを貼るようにしています（次ページの写真参照）。グラフの伸びで進歩がわかるようにしているわけです。

また、園では1年に1度「縄跳び強化月間」を設けています。強化月間中は先生が跳べた回数を計測しますが、ある一定回数を達成した子には、その証明として「認定証」（小さな賞状）を渡しています。

このように、進歩を実感しながら一歩一歩ゴールを目指す仕組みをつくることで、子どもの意欲を高めるのがポイントです。

子どもの努力を評価する「頑張り表」

［年少］

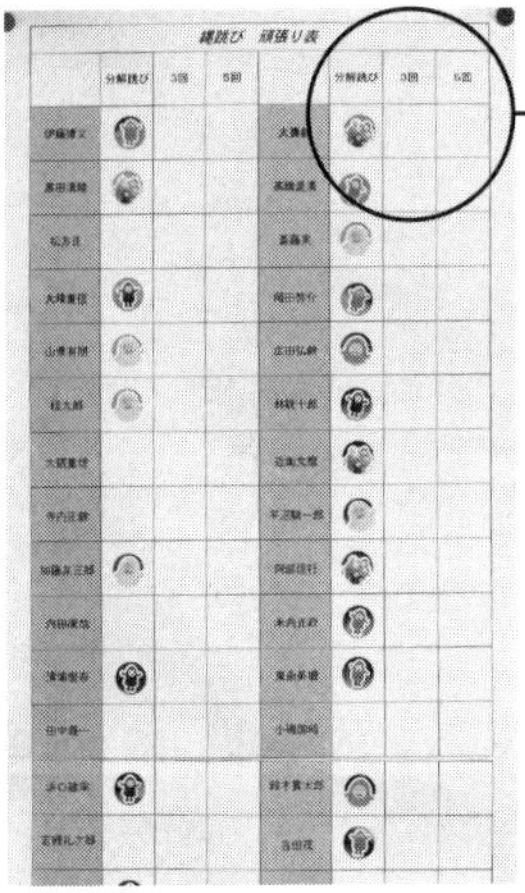

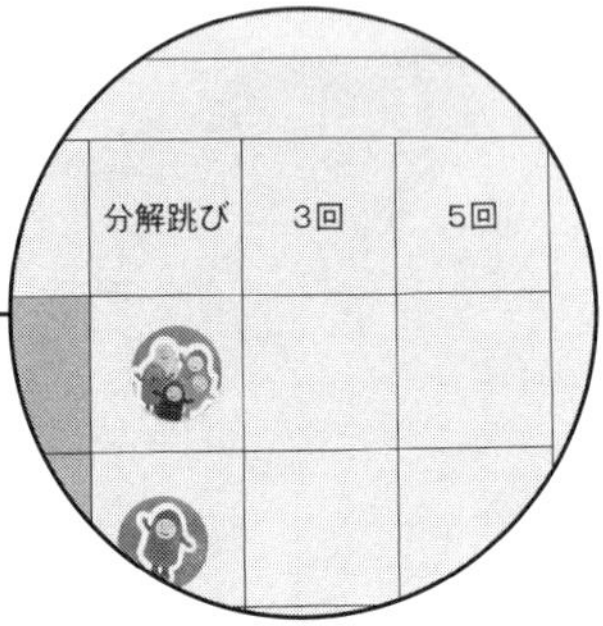

左の写真は年少の教室に貼ってある縄跳びの「頑張り表」。掲げられている小目標は「分解跳び」「3回」「5回」でかなり易しい。年長（下の写真）になると、小目標が「5回」「10回」「20回」……と大きく増えていく（表のなかにある「分解跳び」については縄跳びを扱った第54節を参照）

［年長］

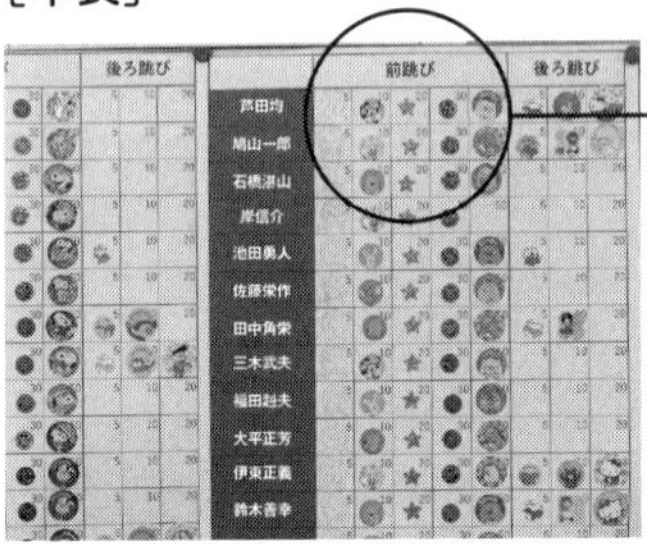

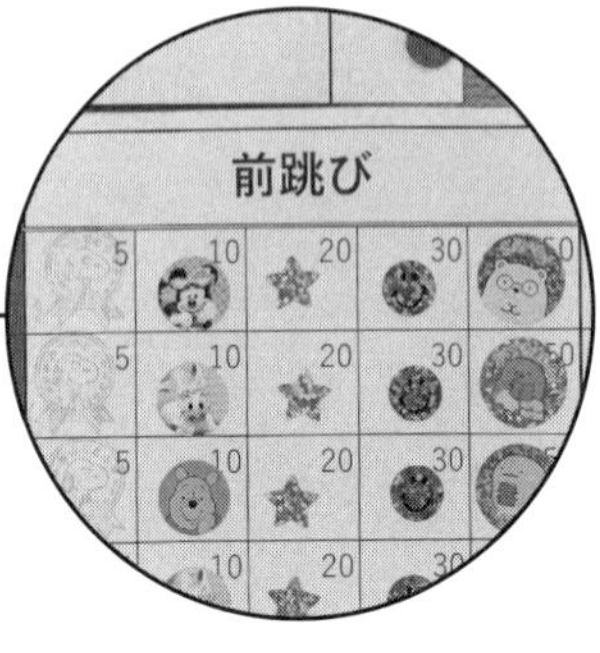

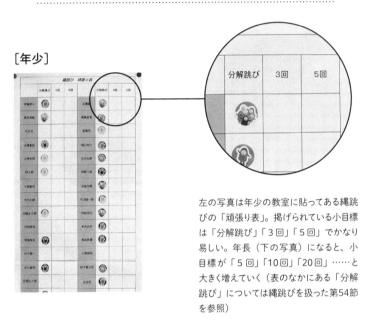

練習にあたっては、メディアやICT（情報通信技術）も活用しましょう。メディア漬けの育児には反対ですが、こと運動に関しては、大いに利用していいと思います。

たとえば、NHKの番組「はりきり体育ノ介」は私たちも教え方の参考にしていますし、インターネット上には縄跳びの上手な跳び方や、逆上がりのコツなどを解説した文章や動画がたくさんアップされています。「どうしてもできない！」というときは、それらのコンテンツを使って親子で勉強してみましょう。

また、スマートフォンやタブレットなどで子どもの動きを撮影して、フォームを親子でチェックしてみるのもおすすめです。

大人がサポートすれば、目標にまったく届かない、なんてことはまず起こりません。たとえ達成できなくても、目標に向かって頑張った経験は、将来にわたって子どもを支える強い心の芯になるはずです。

運動有能感が高い幼児期に達成感を味わった子は、いずれ運動好きな大人に成長するでしょう。良き生活習慣を身に付ける好機でもあるので、ぜひ親子で目標を立てて、いろいろな運動に挑戦してみてください。

52 卒園までに逆上がりを達成しよう

まずは鉄棒で自由に遊ぶところから

鉄棒は公園や幼稚園、保育園の園庭など、いろいろなところにあるありふれた遊具です。遊んでいるうちに自然と前回りくらいはできるようになる子も多いのですが、その一方で、なかなか鉄棒を楽しめるようにならない、という子もいます。

そのような子にはまず、「楽しく回る」体験をしてもらうところから始めるといいでしょう。親子で次のような遊びを試して、徐々に鉄棒に慣れてもらってください。

❶段階を追って鉄棒に親しむ

最初は、ただ鉄棒につかまってぶら下がる遊びから始めます。

両手で鉄棒を握って足をだらんとたらしたり、あるいは両手・両足を鉄棒にひっかけて下のイラストのように「豚の丸焼き」のポーズを試したりしてみてください。

この遊びはいろいろなアレンジができます。たとえば、

- **「3秒ぶら下がっていられるかな？」と目標を決めてチャレンジする。**
- **目標を決めず何秒ぶら下がっていられるか計測する**
- **きょうだい、あるいは友達同士で何秒ぶら下がっていられるか競う**

などが思いつきます。

❷布団（またはマット）で回る練習

自分の体をぐるりと転がす（回す）のに慣れておくと、鉄棒で回ることへの抵抗感を減らせます。

布団やベッドのマットレスの上で、親の見守りのもと2～3歳ごろから前転、後転をして遊んでみるのもいいと思います。

❸前回り・逆上がりをシミュレーション

下のイラストのように親が子どもの両手を持ってあげて回るのを助けたり、あるいは親の体を駆け上がるようにして逆上がりを体験したりしてもらいます。

最初は道具を使って練習する

逆上がりのポイントは2つ、「足の振り上げ」と「体の引き付け」です。空を蹴とばすつもりで足を振り上げ、同時に腕で体を鉄棒に引き付けると上手く回れます。

だから小学校では体を引き付けやすい「逆手」でする逆上がりを教えますが、これは幼児には不要な、やや難しい体の使い方なので、「順手」で鉄棒を握るよう教えてあげましょう。幼児は体が軽いので、わざわざ体を引き付けなくても、足さえ振り上げられれば、だいたいの子は逆上がりができます。次のような順序で練習を積むのがおすすめです。

❶完全補助で逆上がり

まずは、「逆上がりの動きで回る」体験をしてもらいましょう。鉄棒に両端を縛り付けたタオルでお尻を支えたり、あるいは市販の補助具を使ったりして、さらには大人も手伝ってあげて、どこまで補助してもいいので、とにかく何度も回って感覚をつかみます。

❷台あり逆上がり

完全補助の次のステップとして、いずみ幼稚園では「逆上がり台」を使っています（次ページ参照）。この台を子どもが駆け上がって逆上がりを試します。公園などにあれば使ってみてください。身近に逆上がり台がない場合は、次の❸に取り組みます。

❸大人の手助けを得ながら逆上がり

道具は使わず、子どもが逆上がりする瞬間に親が手でお尻を押し上げてあげるなど、大人の手助けだけで逆上がりを練習します。最初は強く押し上げ、慣れてきたら手を添えるだけにして、手助けを徐々に減らしていってください。

以上のようにしても苦戦する場合は、スマートフォンやタブレットなど、デジタルデバイスの出番です。**逆上がりを解説しているコンテンツを参考に教えたり、子どもに見せたりしてコツをつかんでもらいましょう。**

園では、逆上がりが上手い子を動画で撮影しておいて、できない子と一緒に見て上手な逆上がりのイメージを持ってもらう試みもしています。

逆上がりの練習の進め方

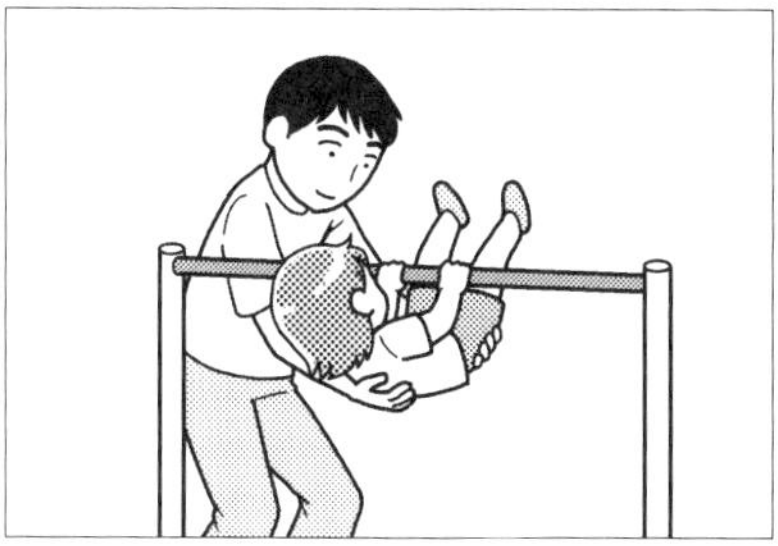

❶

まず完全補助で「逆上がりの動きで回る」ことを体験する。道具を使ってもよい

❷

逆上がり台を使って自力で回る（逆上がり台がないときはこの手順はとばしてよい）

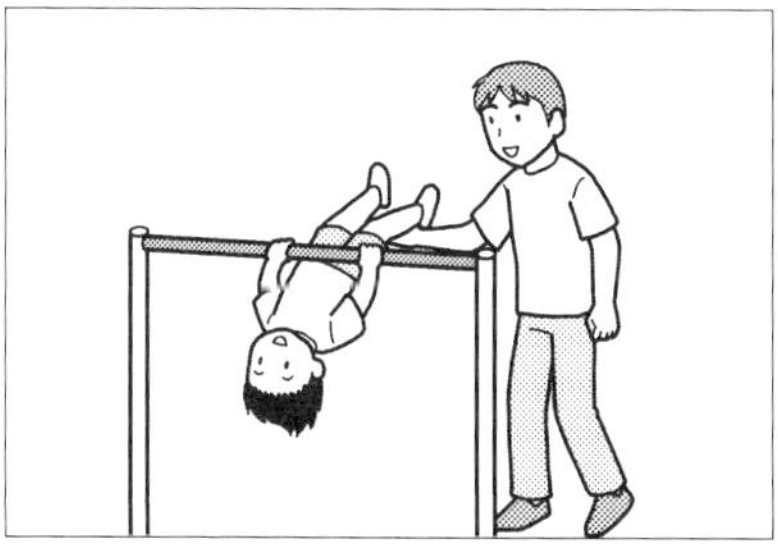

❸

補助をできるだけ少なくして練習。補助はだんだん減らし最終的には「なし」にする

逆上がり台

下のイラストのように台を駆け上がって逆上がりを練習する

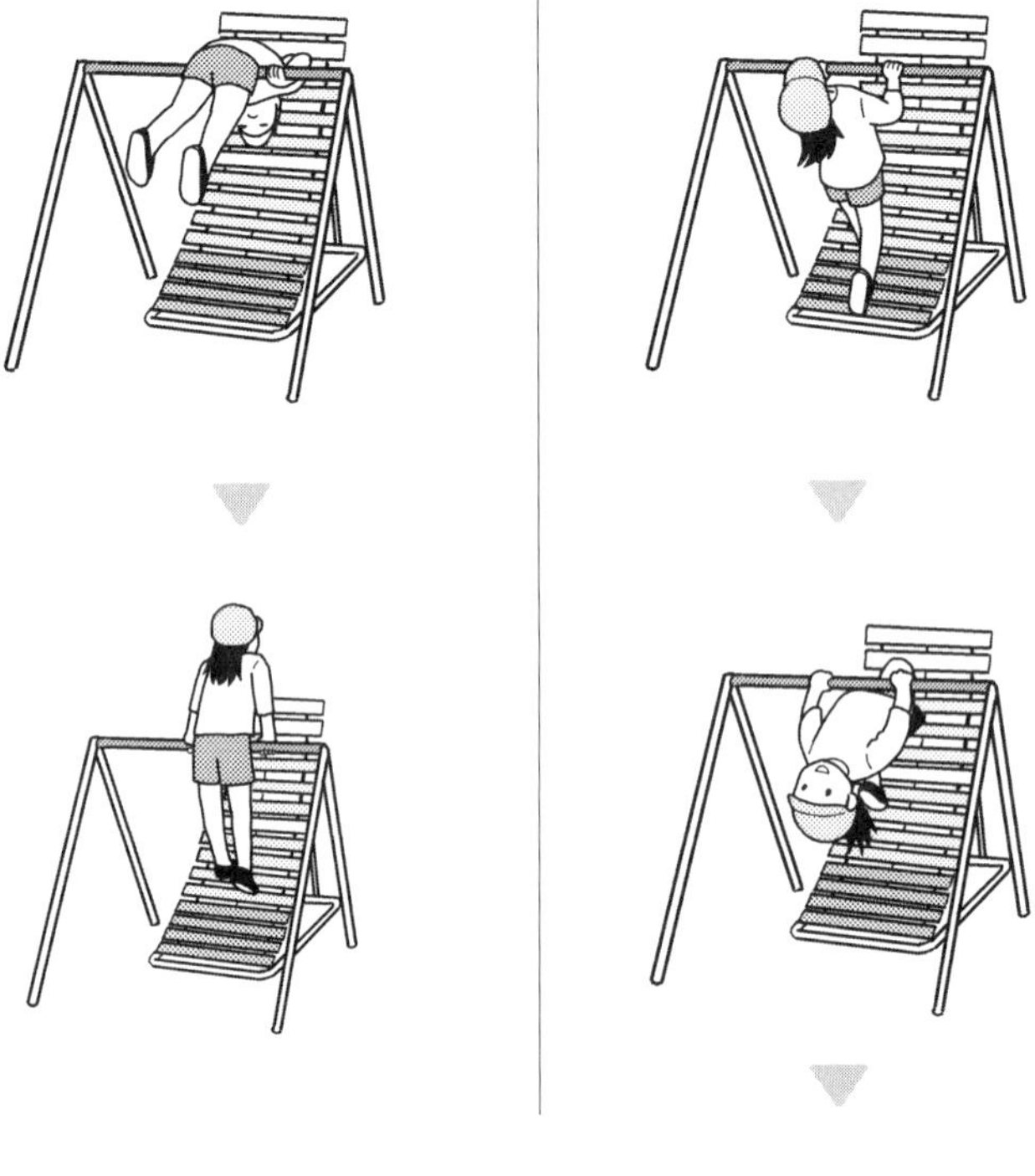

子どもが大きくなる前から練習を

子どものころ、なかなか逆上がりができず悔しい思いをした、なんて読者もいることでしょうが、逆上がりは決して難しくありません。園で多くの子を見てきた経験からいうと、大人が教えてあげれば、95％くらいの園児が「卒園までに逆上がり」の目標を達成します。

就学後に体育の授業で習得しても遅くはないのですが、小学校2～3年生くらいになると子どもの体が成長して重くなるので、ゼロから習得するのが少々難しくなります。足を振り上げると同時に、タイミングよく腕で鉄棒に体を引き付ける、ちょっと難しい身体操作が必要になるからです。

6歳くらいまでにくるりと回る感覚だけでも身に付けておけば、体育の授業で困ることはなくなるでしょう。就学前に、ぜひマスターさせてあげてください。

なかには易々《やすやす》と逆上がりをこなす子もいますが、実際にやってみなければ、できるかどうかはわかりません。あえて「目標」にすると達成感も大きくなるので、家庭でも掲げて、早くから取り組むことをおすすめします。

53 四股で安定した体をつくる

四股に期待できる効果とは

いずみ幼稚園では、朝礼で体操を行ったあとに必ず四股《しこ》を20回（右10回、左10回）踏んでいます。入園したばかりの3歳児から年長の子まで全員参加しますが、こんな幼稚園はめずらしいかもしれません。

運動能力を高めるうえで、下半身の強化は欠かせません。

走るのが速い子を見ていると、ストライドが大きく脚の回転も速いのがわかりますが、にもかかわらず体勢は安定しています。体幹と下半身がしっかりしているので、バランスを崩すことなく走れるのでしょう。

四股は体幹を鍛え、下半身を強化するのに向いた運動であり、続けていると重心が低くなるので姿勢も安定します。全員で続けているわけはそこにあります。

バランス感覚が未熟な年少の子は、片足を上げるとふらつくこともありますが、それでも四股を毎日くり返していると、4〜5歳になるころにはだいぶ様になってくるものです。四股が安定すること自体、体幹が強化されたことの証左でしょう。

力士の身体能力は四股の賜物《たまもの》

四股といえば、日本人なら誰でも相撲が頭に浮かぶはずです。

相撲の力士は体が大きく、パワーもありますが、同時に瞬発力と高い運動能力、そして柔軟性をも兼ね備えた優れたスポーツマンなのをご存じでしょうか。

園の餅つき大会に訪れた元関取が、私たちの目の前で軽々とバック転を披露してみせたのでみんな仰天した、なんてこともありましたが、それほどまでに運動神経がいいのです。

実は園で四股を始めたきっかけは、力士との関わりにあります。ある年の餅つき大会で、どうやったらそんな体をつくれるのか率直に尋ねてみたところ、即座に、

年に一度行われる園の餅つき大会では、本物の力士が来園して園児たちと一緒に四股を踏む（写真：園提供）

「四股と鉄砲です」

という答えが返ってきました。鉄砲（突っ張りのこと）は無理ですが、四股ならすぐ取り入れられそうです。そこで四股を始めようと決心し、それ以来30年以上ルーティンとして続けています。

地面をドン！　と踏みしめる刺激で気合いが入るのか、四股を踏んでいる園児を見ていると、次第に顔にエネルギーが満ちてくるような印象を受けます。**もしかしたら体だけでなく、心にもいい影響があるのかもしれません。**

身ひとつですぐ始められるのが四股のいいところです。家庭でも朝、ちょっとやってみてもいいかもしれません。

コラム

みんなで目標を共有して取り組むことの意義

目標を掲げてみんなで運動に取り組むと、園児は「できた子」と「できない子」にわかれますが、幼稚園という集団のなかでは、それすら教育の役に立ちます。

たとえば、「縄跳び100回」未達成の子が園庭で練習していたとします。すると、ほかの園児が寄ってきて、「○○ちゃん、がんばれ！」「おしい！」と応援を始めることがあります。このように、仲間を支えたり、仲間に支えられたりした経験ができるのです。

また、園児同士が切磋琢磨《せっさたくま》を始めることもあります。ある園児は保護者に、「○○ちゃんができるようになったんだから、僕も頑張ればできると思うんだよね」と言って縄跳びを練習していたそうですが、この前向きな姿勢も、この年齢の子に特有のものだと私は思います。

54

縄跳びは 前跳び連続100回 を目標に

縄跳びに取り組んでほしい理由

縄跳びは子どもの身体能力を伸ばすにはうってつけの運動です。

縄を回して跳び越すだけの実にシンプルな動作ですが、縄を持って回す自分の手や、回ってくるタイミングに合わせて跳ぶ足など、体の各部分をイメージどおりに動かす力を磨かなければ、縄跳びはできません。

また、縄跳びはできた回数を重ねていく〝積み上げ型〟の運動なので、スモールステップで取り組みやすいという特徴があります。

言い換えると、**回数で目標（100回）を設定しやすく、さらに目標までの小目標（10回、**

50回など）を設ければ進歩を実感でき、それがモチベーションとなるので子どもでも続けやすいということです。

すなわち縄跳びは、「続けやすく、続ければ幼児期に獲得させてあげたいコーディネーション能力を伸ばせる運動」なのであり、だからこそおすすめするわけです。

縄跳び100回クリアまでのステップ

縄跳びのいろいろな跳び方のなかで「前跳び」は最も簡単ですが、子どもにも易しいとは限りません。ここでいずみ幼稚園の縄跳び指導をざっと説明しますので、家での練習の参考にしてください。

すでに書きましたが、園では「卒園までに前跳び連続100回」を目標に掲げており、達成のためおおむね次のような流れで子どもたちを指導しています。

縄跳びは、回す縄の軌道が安定しないとできません。ですから最初は、縄を回して遊び、縄という道具に慣れてもらうところから始めます。

❶縄で遊び慣れてもらう（年少）

まず子どもに縄を片手で持ってもらい、一方向へゆっくり回してもらいます。

その後、今度は両手に１本ずつ持って、同じように回してもらいます。

そして縄が一定のペースで安定した軌道をたどるようになってから、前跳びへ移りましょう。

初めて縄跳びに挑戦する子は縄を地面に叩《たた》きつけてしまうこともありますが、それではいけません。ゆっくり・確実に縄を回したほうが跳びやすいので、ていねいに回す感覚を身に付けてもらってください。

❷分解跳びから1回跳びへ（年少）

縄を上手に回せるようになったら、次は縄を回す手と、縄を跳び越す足がうまく連動するように「分解跳び」を練習します。

縄跳びでは、縄を回して跳ぶまでが一連の動作ですが、それを下のイラストのように「①縄を構える↓②回す↓③跳ぶ」という3手順に分解して行います。

最初はゆっくり、そのあとだんだん速くしたら、分解跳びをして、うまくできるようになったら、回して跳ぶまでを一連のものとして行う「1回跳び」を試しましょう。

1回跳びでも失敗しなくなったら、いよいよ次の段階に進みます。

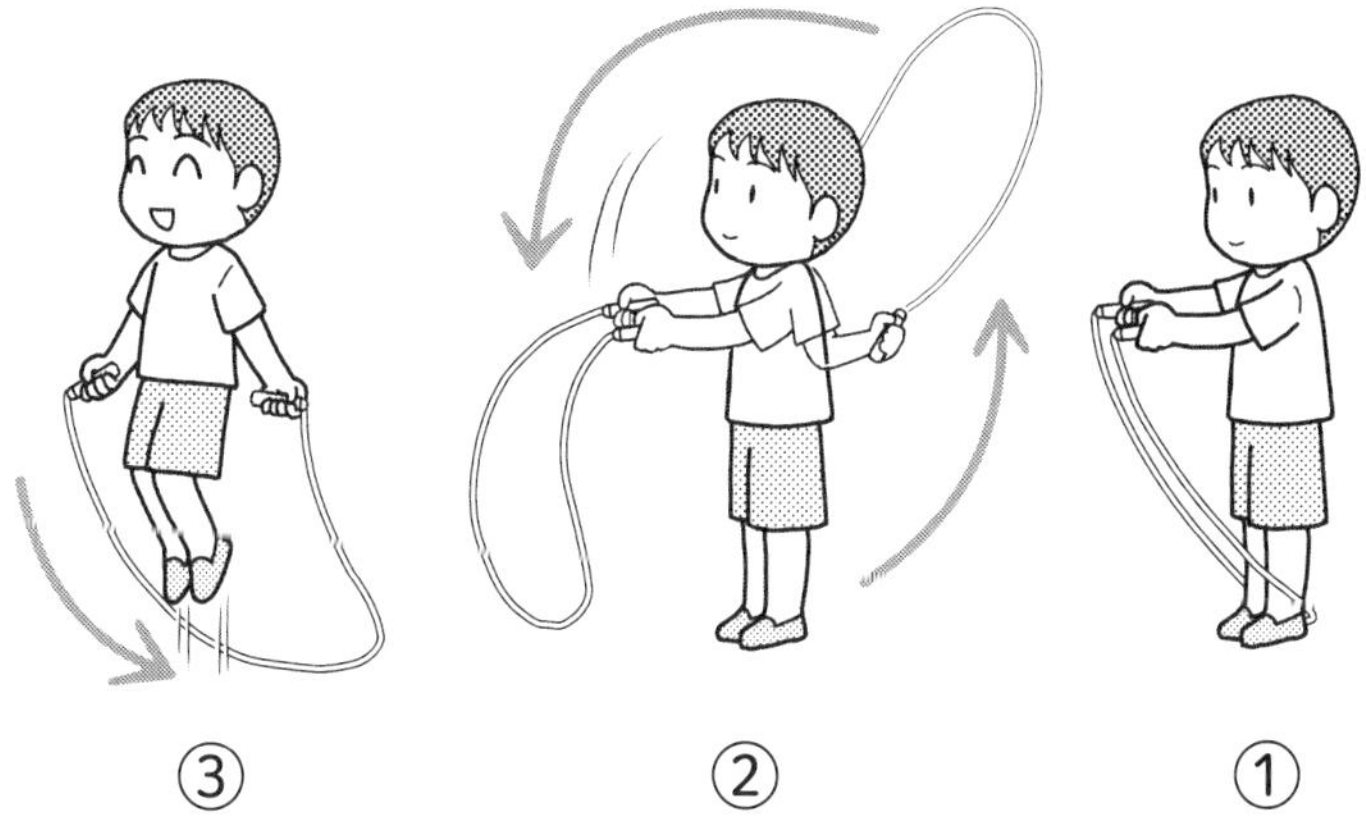

❸跳べる回数を増やしていく（年中）

縄をうまく扱えるようになったら、いよいよ前跳びで「できるだけたくさん跳ぶ」チャレンジを始めます。

最初は「夏までに5回連続」を目標に掲げ、達成できたら「30回連続」を目標に頑張ってもらいますが、この段階ではひたすら練習あるのみです。

たいていの子は、5回連続で跳べるようになると、そのあとは跳べる回数がグングン増えていきます。

❹100回連続で跳ぶことを目指す（年長）

目標を徐々に高くしながら、「100回連続」達成を目指します。園児の多くは家

で親と練習を重ねたり、園庭で自発的に練習したりしているので、卒園までにはほぼ全員が「連続100回」を達成しています。

縄跳びは、のめりこむ子は本当に頑張って取り組みます。親も一緒になって、回数を競ってみるのもいいでしょう。

目標を達成したあとは記録更新を目指すのも、もちろん「あり」ですが、運動能力を伸ばすうえでは「交差跳び」「あや跳び」などの、より難しい跳び方に挑戦したほうがいいかもしれません。

ちなみに、園での縄跳び指導では、最近まで普通のロープを使っていました。いわゆる跳び縄ではなく、ホームセンターなどで売っているロープを切って園児に渡していたのです。**縄跳びには、ポリウレタン製で両端に持ち手がついた跳び縄がよく使われますが、それでは軽すぎて、子どもにとっては扱いにくい**こともあるとわかったからでした。

また、縄の軌道が安定しないと長時間跳び続けることができないのですが、ある程度の重みがある縄のほうが軌道を安定させやすいことがわかっています。記録が伸びないときは、道具を替えてみるといいかもしれません。

55

水泳は早く始めたほうがいい

水泳は子どもにとって理想的な運動

いずみ幼稚園には屋内温水プールがあり、どこよりも熱心に水泳指導に取り組んでいます。水泳にこだわるのは、私自身、泳ぎが得意ではなく、その弱点を我が子や園児に背負わせたくないと思ったからですが、もうひとつ、水泳は子どもにとって理想的な運動だからという事情もあります。

水泳は手足をバランスよく使う全身運動です。泳ぎ方を身に付ける過程で、自分の身体を思いどおりに動かすコーディネーション能力を高めていけます。有酸素運動でもあることから、呼吸法を習得する過程で肺活量が増し、心肺機能および体力の向上、さらには免疫機能

いずみ幼稚園には温水プールがあり、年間を通して水泳指導を行っている。指導に当たるのは所属の専任講師（写真：園提供）

の強化も期待できます。

また、水中では浮力がはたらくので、体に大きな負担がかかりません。頑張って取り組んでも、成長の途上にある幼児の骨や筋肉を傷めるリスクは非常に小さくなります。

さらに、これは屋内温水プール限定の話になりますが、天候に左右されずに練習できるのも良い点でしょう。

運動の習慣化や上達を早めるためにも、計画どおり練習できるのは重要です。

幼少期に水泳を始めると、遊び感覚で水に親しむことができ、水に対して余計な恐怖心を持たずにすむので、私はできるだけ早い時期から水泳を始めることをおすすめ

しています。

泳ぎを学ぶことは、水難事故に対する安全意識の向上にもつながり、そのメリットは計り知れません。

入浴を利用して水に慣れてもらおう

私たちが掲げている水泳の目標は、「卒園までにクロールで15ｍ泳ぐ」ですが、これもスモールステップで達成できるようにしています。

年少、または「キンダークラブ」に通っている入園前の年齢の子どもたちには、最初はプールに顔をつけたり、水中でジャンプしてもらったりなど、水に慣れてもらうところから始めます。

年中になったらバタ足の練習を始め、年長からはストローク（腕のかき方）を覚えてもらい、泳げる距離をのばしていきます。このようなカリキュラムで段階ごとに着実に習得させていくので、園児はみんなクロールを身に付けて園を卒業します。

プールがない一般の家庭で本格的な水泳指導をするのは無理ですが、それでもひとつだけ、

「水への恐怖心」を取り除く取り組みは、しておいたほうがいいでしょう。

子どもが2〜3歳のころから水遊びをさせてあげて、さらに、

- **0歳のころからお風呂でシャワーを使う**
- **シャワーに慣れてきたら頭から浴びる**
- **ときには目を開けたままシャワーを浴びる**

といったことくらいは積み重ねておいてください。水に慣れておけば、水泳を練習する機会が訪れたとき、すんなり開始できます。

園児たちを見ていると、水慣れが早い子ほど、キック（バタ足）からストロークへ、スムーズに進歩していくのが見てとれます。自宅のお風呂でぜひやってみましょう。

56

ボールを投げる遊びもやっておく

「投げる」動作で遊びが広がる

物を「投げる」動作は複雑で、人間を含む一部の霊長類にしかできません。確かに、大雑把に動作を分析するだけでもその難しさは理解できます。

- **後ろに体重をかける**
- **体をひねって反動を利用する**
- **腕をしならせ関節を使って放つ**

という3つを適切なタイミングで行い、最大限の力でボールを押し出さなければ「投げる」動作にはなりません。人によって上手／下手がハッキリ出るのも納得できるでしょう。

ネットを使い、三角コーンを的にして投げる練習をする園児たち。まだ両手投げの子もいる

投球動作のある運動は、誰もがいつかは経験するものです。

就学後は体育でドッジボール、ソフトボール、野球などをプレーしますし、休み時間などに子ども同士でボール遊びをする機会だってあるでしょう。

上手に投げられるようになると、子どもの遊びの幅は一気に広がります。小さいうちから「投げる」遊びを始めておくことをおすすめします。

まずは親子でキャッチボールをやってみてください。カラーボールなど、やわらかくて当たってもケガをしにくいボールなら安心して楽しめるに違いありません（ボールの選び方は402ページ参照）。

はじめのうちは、大人はボールを転がし、子どもは好きなように返球すればいいと思います。ボールのやり取りに慣れてきたら、子どもを励まして、まずツーバウンドで、次いでワンバウンドで投げ返すのを目標に頑張ってもらいましょう。

もちろん両手投げで構いません。

片手で正確に投げる練習もしよう

ボール遊びの醍醐味《だいごみ》は、片手投げでノーバウンドのキャッチボールができたり、目標に正確に投げられるようになって初めて味わえますが、園ではそのための練習にも取り組んでいます。

よくやるのは、5mくらい離れたところからネットに向かって片手で投げる練習です。このくらいのことであれば、近所の公園でも始められるのではないでしょうか。

年少の子だと、ボールを前に投げることができず、地面に叩きつけてしまうことがありますが、その場合には柵を子どもの近くに置いて、

「あれ（柵）を越えられるように投げてごらん」

と、目標を目に見えるようにすると上手く投げられるようになります（399ページの写真参照）。

片手投げがある程度できるようになったら、家族3〜4人でのボール遊びに挑戦してみましょう。

父母と子どもの3人で三角形（または4人で四角形など）に立って、時計回りにキャッチボールするのが基本ですが、

- **投げる方向を急に反時計回りにかえる**
- **「右！」「左！」と指示する役を決めて、その指示どおりに投げるルールにする**
- **順番を無視して、急に「〇〇！」と子どもの名前を呼んで投げる**

などのアレンジをするもよし、子どもの

友達を入れて一緒にやっても楽しめます。ボールの「やり取り」を通じて社会性・協調性が育まれ、空間認知の力も伸びるのは間違いありません。大いに遊んでください。

どんなボールを選ぶといいか

キャッチボールをするなら、ボール選びには気を遣いましょう。

おすすめなのは、やわらかく、それでいて適度な重みがあるボールです。大きなボールは扱いやすそうに見えますが、手からこぼれるので子どもとの遊びには向きません。大人から見て「ちょっと小さめかな」と感じるくらいのサイズのほうがいいようです。

参考までに、園ではミカサの「スマイルドッジボール2号」というボールを使っています。プールでよく使われるビート板と同じ素材でできていて、重さは160gと軽く、当たっても痛みやケガにつながりにくいのがいいところです。

継続が「あと伸び」につながった

周囲の大人から「おとなしい」と言われてしまうような子でも、何か熱中できることを見つけて根気よく続ければ、いつか必ずヒーローになれます。そう確信させてくれる、ある保護者の話を最後に紹介しておきましょう。

うちの子は慎重な性格で、自ら手を挙げて積極的に行動するタイプではありません。いずみ幼稚園に在園していたときも、目立ったことはできていませんでした。

でも、私たち親子は体育、読書、そしてアイデアマラソンなど、どれも頑張って取り組みました。そのおかげでしょうか、いつの間にか〝基礎力〟がついていたみたいです。

というのも、在園中、そして卒園後、子どもに声をかけて民間団体や自治体が主催するいろいろなコンクールに参加したのですが、嬉《うれ》しい結果が次々と出たからです。

縄跳びでは、子どもはある団体の大会で優勝しました。区の美術展に出品した絵は区長賞を、立体作品は審査員特別賞を受賞しました。また、昨年も立体作品で2度目の区長賞をいただくことができました。

それを機に、子どもは絵を熱心に描くようになりました。作品数が増え、いまでは1mを超える巨大画用紙に色鮮やかな大作を描き上げるまでになったんです。

評価されると子どもは大喜びするし、自信にもなります。いずみ幼稚園のカリキュラムは盛りだくさんですが、多様な世界に触れるチャンスや、いい刺激を子どもに与えてくれていたんですね。「継続は力なり」という言葉の意味を実感しました。

コンクールのほか、うちの子は硬筆検定や朗読検定なんかにも挑戦しましたが、そういった力試しの場は、インターネットで調べるだけでもいろいろ見つかります。興味がある人は探してみてもいいかもしれないですね。

見事、区長賞に輝いた作品。紅葉鮮やかな秋の山寺の風景を描いた

（写真：保護者提供）

あとがき

本書のサブタイトルは、あえて「どんな子も必ず伸びる」メソッドとしました。

一般に、私どものように教育熱心な園は、優秀な子どもを選抜して小学校の先取りをしていると思われがちです。しかし、実際にはその逆で、誰もが実践できて成果が上がる、子どもの育ちに適した方法を追求してきたのが私たちの園です。

したがって、一般の方がイメージする早期教育とはまったく逆であることを示したくて、そのような言葉を入れました。ここまで本書を読んでくださった読者の皆様には、その意図がおわかりいただけるものと思います。

ここで、数年前に卒業を控えた園児の父親からいただいたメッセージを、原文そのままに紹介します。


「才能」という言葉は英語で「gift《ギフト》」。「天賦《てんぷ》のもの」「天が与えた能力」という意味です。

しかし、私は思います。それは親が与えるものだと。親から子への最高の贈り物（gift）はいずみ幼稚園での時間である。いずみ幼稚園での3年間は正《まさ》しく「gift」でした。

漢字を覚え、絶対音感を身につけました。

百人一首で上の句を聞いただけで、下の句を全首言えるように。

1年前には雪が降った光景を見てすぐに「雪とけて　村いっぱいの　子どもかな」と諳《そら》んじてみせました。

我が子がこれから生きる時代は、私のそれよりもはるかに厳しい時代になると予想します。ロボットやＡＩが人間の簡単な仕事を代わりにやる時代です。そんな時代を生き抜くには、人ならではの豊かなアイデア、高度なコミュニケーションが必要です。その土台になるのは高い知性。いずみ幼稚園では、その知性の礎を築いてもらえたと感じております。

（中略）

我が子にはこのまま成長し、親を軽々と追い抜き、新しい時代の中で活躍してもらいたいと願っています。素晴らしいgiftを贈ることができました。いずみ幼稚園に心より感謝致します。

この文面に接して、まさに私の考えを代弁してくれるものだと感激しました。誰もが親になれば願うのは、子どもの幸せな未来です。「自分より立派に育て」、そのために親ができることは力の及ぶ限りしてあげたい——それが親心であり、そう思うように人はできているのです。私自身も3人の子を育てていくなかでその実感が確かなものに変わっていきました。

私が保護者の皆さんの前で好んで使う言葉があります。「インプットに嘘はない」、これは約半世紀の教育実践で得られた子育ての真理です。良い体験、良い環境を与えれば、子どもはよく育つ。たったこれだけの、実にシンプルなことなのです。その具体的なノウハウを本書ではたくさん紹介してきました。みなさんの子育てにひとつでも多く取り入れていただき、お子さんの未来を拓《ひら》く一助になれば幸いです。

最後に、刊行のため3年の長きにわたってご助力賜りました講談社の中満和大氏には大変お世話になりました。本書をまとめる過程で教育を見つめ直す貴重な機会にもなり、これからの園運営の楽しみも深くなった思いです。心より御礼申し上げます。

2025年2月

小泉敏男

資料

園で使っている
朗誦のテキストから
代表的な作品を
選んで掲載します。

いろは歌

色は匂へど散りぬるを
我が世誰ぞ常ならむ
有為の奥山今日越えて
浅き夢見じ酔ひもせず

いろはにほへとちりぬるを
わかよたれそつねならむ
うゐのおくやまけふこえて
あさきゆめみしゑひもせす

竹取物語から「かぐや姫のおひたち」

今は昔、竹取の翁といふ者ありけり。野山にまじりて、竹を取りつつ、よろづの事につかひけり。名をばさかきの造となむいひける。その竹の中に、本光る竹なむ一筋ありける。あやしがりて寄りて見るに、筒の中光りたり。それを見れば、三寸ばかりなる人いと美しうて居たり。翁いふやう、「われあさごとゆふごとに見る竹の中におはするにて知りぬ。子になり給ふべき人なめり。」とて、手にうち入れて家へ持ちて来ぬ。妻の嫗にあづけて養はす。美しきこと限なし。いと幼ければ、籠に入れて養ふ。

奥の細道（松尾芭蕉）から表八句

月日は百代の過客にして、行かふ年も亦旅人也。舟の上に生涯を浮べ、馬の口とらえて老を迎ふる者は、日々旅にして旅を栖とす。古人も多く旅に死せるあり。予もいづれの年よりか、片雲の風にさそはれて、漂泊の思ひやまず、海濱にさすらへ、去年の秋、江上の破屋に蜘蛛の古巣をはらひて、やゝ年も暮れ、春立てる霞の空に白川の關越えんと、そゞろ神の物につきて心を狂はせ、道祖神の招きにあひて取るもの手につかず、股引の破れをつゞり笠の緒付かへて、三里に灸すゆるより、松嶋の月先づ心にかゝりて、住める方は人に譲り杉風が別墅に移るに、

草の戸も住み替る代ぞひなの家

面八句を庵の柱に懸け置く。

行春や鳥啼魚の目は泪（出立）
夏草や兵どもが夢の跡（平泉）
五月雨の降りのこしてや光堂（平泉）
蚤虱馬の尿する枕もと（尿前の関）
閑さや岩にしみ入蟬の声（立石寺）
暑き日を海にいれたり最上川（酒田）
荒海や佐渡によこたふ天河（越後路）
蛤のふたみにわかれ行秋ぞ（大垣）

寿限無

「あらまあ、金ちゃん、すまなかったねえ。じゃあなにかい、うちの寿限無寿限無、五劫のすりきれ、海砂利水魚の水行末、雲来末、風来末、食う寝るところに住むところ、やぶらこうじのぶらこうじ、パイポパイポ、パイポのシューリンガン、シューリンガンのグーリンダイ、グーリンダイのポンポコピーのポンポコナの長久命の長助が、おまえのあたまにこぶをこしらえたって、まあ、とんでもない子じゃあないか。ちょいと、おまえさん、聞いたかい？　うちの寿限無寿限無、五劫のすりきれ、海砂利水魚の水行末、雲来末、風来末、食う寝るところに住むところ、やぶらこうじのぶらこうじ、パイポパイポ、パイポのシューリンガン、シューリンガンのグーリンダイ、グーリンダイのポンポコピーのポンポコナの長久命の長助が、金ちゃんのあたまへこぶをこしらえたんだとさ」

「じゃあなにか、うちの寿限無寿限無、五劫のすりきれ、海砂利水魚の水行末、雲来末、風来末、食う寝るところに住むところ、やぶらこうじのぶらこうじ、パイポパイポ、パイポのシューリンガン、シューリンガンのグーリンダイ、グーリンダイのポンポコピーのポンポコナの長久命の長助が、金坊のあたまへこぶをこしらえたっていうのか。金坊、どれ、みせてみな、あたまを……なーんだ、こぶなんざあねえじゃあねえか」

「あんまり長い名前だから、こぶがひっこんじゃった」

平家物語から「祇園精舎」

祇園精舎の鐘の聲、諸行無常の響あり。沙羅雙樹の花の色、盛者必衰の理を顯す。奢れる者久しからず、只春の夜の夢のごとし。猛き人も遂には滅びぬ、偏に風の前の塵に同じ。遠く異朝をとぶらへば、秦の趙高、漢の王莽、梁の朱异、唐の祿山、是等は皆舊主先皇の政にも從はず、樂みをきはめ、諫をも思ひいれず、天下の亂れむ事を悟らずして、民間の憂ふる所をしらざりしかば、久しからずして、亡じにし者どもなり。近く本朝をうかゞふに、承平の將門、天慶の純友、康和の義親、平治の信頼、おごれる心もたけき事も、皆とり〴〵にこそありしかども、まぢかくは、六波羅の入道前太政大臣平朝臣清盛公と申しし人のありさま、傳へ承るこそ心も詞も及ばれね。

枕草子（清少納言）

春は曙。やうやう白くなり行く山際少し明りて、紫だちたる雲の細く棚引きたる。

夏は夜。月の頃はさらなり。闇もなほ、螢の多く飛び違ひたる。また、ただ一つ二つなど、仄かにうち光りて行くもをかし。雨などの降るもをかし。

秋は夕暮。夕日のさして山の端いと近うなりたるに、烏の寢所へ行くとて、三つ四つ二つなど、飛び急ぐさへあはれなり。まいて雁などの連ねたるが、いと小さく見ゆるはいとをかし。日入りはてて、風の音蟲の音など、はた言ふべきにあらず。

冬はつとめて。雪の降りたるは言ふべきにもあらず。霜のいと白きも、またさらでもいと寒きに、火など急ぎ起して、炭もて渡るもいとつきづきし。晝になりて、ぬるくゆるびもて行けば、火桶の火も白き灰がちになりてわろし。

学問ノススメ（福澤諭吉）

天ハ人ノ上ニ人ヲ造ラズ　人ノ下ニ人ヲ造ラズト云ヘリ　サレバ天ヨリ人ヲ生ズルニハ　万人ハ万人皆同ジ位ニシテ　生レナガラ貴賤上下ノ差別ナク　万物ノ霊タル身ト心トノ働キヲ以テ天地ノ間ニアルヨロヅノ物ヲ資リ　以テ衣食住ノ用ヲ達シ　自由自在互ニ人ノ妨ゲヲナサズシテ各〻安楽ニ此ノ世ヲ渡ラシメ給フノ趣意ナリ　サレドモ今広ク此ノ人間世界ヲ見渡スニ　カシコキ人アリ　オロカナル人アリ　貧シキモアリ　富メルモアリ　貴人モアリ　下人モアリテ　其ノ有様雲ト泥トノ相違アルニ似タルハ何ゾヤ　其ノ次第甚ダ明ナリ　実語教ニ　人学バザレバ智ナシ　智ナキ者ハ愚人ナリトアリ　サレバ賢人ト愚人トノ別ハ　学ブト学バザルトニ由リテ出来ルモノナリ

徒然草（兼好法師）

序段

つれ〴〵なるまゝに、日暮し、硯に對ひて、心に移りゆくよしなし事を、そこはかとなく書きつくれば、怪しうこそものぐるほしけれ。

第百八十三段

人つく牛をば角を切り、人くふ馬をば耳を切りて、その標とす。標をつけずして人を傷らせぬるは、主のとがなり。人くふ犬をば養ひかふべからず。これみなとがあり。律の禁なり。

髙橋系治（編纂）
『子どもの心の育て方としつけ』（星の環会、2018年）

ハンセン，アンデシュ（久山葉子・訳）
『スマホ脳』（新潮新書、2020年）

樋口健夫
『幼稚園・保育園での『お絵かき一日たった十五分』
「めだか」アイデアマラソンのすすめ』（Amazon電子書籍、2018年）

譜久里勝秀
『どんな子も100％「絶対音感」がつく』（コスモトゥーワン、2003年）

福沢諭吉（中村敏子・編）
『福沢諭吉家族論集』（岩波文庫、1999年）

ミズン，スティーヴン（熊谷淳子・訳）
『歌うネアンデルタール　音楽と言語からみるヒトの進化』（早川書房、2006年）

Miller, Leon K.
Musical Savants. Exceptional Skill in the Mentally Retarded.
（Routledge、ペーパーバック版、2016年［初版は1989年］）

森信三
『家庭教育の心得21　母親のための人間学』（致知出版社、2010年［初版は1979年］）

ルソー，ジャン=ジャック（今野一雄・訳）
『エミール（上）』（岩波文庫、1962年）

レイティ，ジョン J. 他（野中香方子・訳）
『脳を鍛えるには運動しかない！』（NHK出版、2009年）

主要参考文献

*著者五十音順（編集部で参照した文献含む）

池谷裕二
『夢を叶えるために脳はある「私という現象」、高校生と脳を語り尽くす』
（講談社、2024年）

石井勲
『改訂版　幼児はひらがなより漢字で6倍伸びる』（コスモトゥーワン、2014年）

川島隆太
『川島隆太の　自分の脳を自分で育てる朝5分の音読・単純計算』（講談社、2004年）
『スマホ依存が脳を傷つける　デジタルドラッグの罠』（宝島社新書、2023年）

川島隆太，齋藤孝
『素読のすすめ』（致知ブックレット、2017年）

ぎん太
『偏差値40台から開成合格！　自ら学ぶ子に育つ　おうち遊び勉強法』
（講談社、2022年）

小泉敏男
『東京いずみ幼稚園式　美しい日本語が、心の強い子を育てる』（宝島社、2015年）

小泉敏男，小泉貴史（監修）
『国語に強くなる音読ドリル』（致知出版社、2024年）

佐藤亮子
『三男一女　東大理Ⅲ合格！　佐藤ママの子育てバイブル　学びの黄金ルール42』
（朝日新聞出版、2018年）

重野知央（編著）
『「音楽する」は脳に効く　弾く・聴く・歌うで一生アタマは進化する』
（Gakken、2022年）

著　者｜小泉敏男（こいずみ・としお）
1952年、東京都生まれ。東京いずみ幼稚園園長。大学在学中に「小泉補習塾」を開設し、卒業後の1976年に父とともに「いずみ幼稚園」を創設し副園長に就任、1995年より現職。石井式漢字教育、ミュージックステップ、アイデアマラソンなどを取り入れたほか、屋内温水プールを設置するなど画期的なプログラムを次々と導入し、2004年には幼児教育界では初となる「音楽教育振興賞」を受賞した。2008年、「学校法人小泉学園　東京いずみ幼稚園」に改組、これまでに5000名を超える子どもたちに独自の幼児教育を実践してきた。著書・監修書に『東京いずみ幼稚園式　美しい日本語が、心の強い子を育てる』（宝島社）、『国語に強くなる音読ドリル』（小泉貴史との共監修、致知出版社）がある。

自分《じぶん》で考《かんが》えて動《うご》く力《ちから》がつく
最高《さいこう》の育《そだ》て方事典《かたじてん》
どんな子《こ》も必《かなら》ず伸《の》びる56のメソッド　　こころライブラリー

2025年 3月12日　第1刷発行

著　者　小泉敏男《こいずみとしお》
発行者　篠木和久
発行所　株式会社講談社
東京都文京区音羽二丁目12－21　郵便番号112－8001
電話番号　編集　03－5395－3560
販売　03－5395－5817
業務　03－5395－3615
印刷所　株式会社新藤慶昌堂
製本所　株式会社国宝社

ISBN978-4-06-538909-6
N. D. C. 376　415p　19cm